はじめに

漢字能力は日常生活を送る上で、欠くことのできない基本的な能力であり、パソコンが普及した現在においても、正しい知識がなければ適切な文章表現は難しいといえます。一朝一夕に身につくものではありませんが、書籍、新聞、雑誌を、漢字を意識して読むなど日ごろの努力の積み重ねが必要なことはいうまでもありません。

本書は、最近しだいに会社や学校で重要な資格とみなされるようになってきた「**漢字能力検定**」に合格できる実力を養うことに重点をおいて作成しています。また、**改定された常用漢字表**に対応しています。

特色と使い方

本書は「**練習編**」、「**実戦編**」、「**資料編**」の三部構成になっています。

「**練習編**」では読み書きなどの問題形式別に効率的に練習。各問題は見開き二ページ、解答は書き込み式になっています。チェックらんを利用して、繰り返し練習することが上達のこつです。問題文中で＊のついた語句は「[illegible]**イント**」で解説。「**漢字力がつく**」では漢字の知識や学[illegible]などがあり、成績アップがはかれます。

[illegible]と同じ形式、問題数のテストで、検定前に、漢字能力の[illegible]ックをすることができます。

「[illegible]4級の出題漢字などをのせ、漢字の最終確認ができます[illegible]

ま[illegible]答え合わせのしやすい別冊とし、まちがえやすいとこ[illegible]注」で親切に示し、「**チェックしよう**」は重要な語句や漢[illegible]、幅広い漢字力の養成に役立つ工夫をしています。

目　次

漢字検定2級トレーニングノート

1 漢字の読み（音読み）①

――まちがった問題は繰り返し練習しよう

よく出る

合格	もう一歩	がんばれ
(50〜40)	(39〜26)	(25〜)

得点

● 次の――線の読みをひらがなで記せ。

□ 1 水不足で水田に亀裂を生じた。
□ 2 雨の日の公園は閑散としている。
□ 3 状況は漸次*好転している。
□ 4 父の語彙は豊富である。
□ 5 祖父は寡黙*な人だった。
□ 6 咽頭に炎症を起こした。
□ 7 人は幸福に生きる権利を享有*する。
□ 8 彼女は羞恥心のかけらもない。
□ 9 災害に際して迅速に対応する。
□ 10 観光案内書を作って頒布する。
□ 11 贈答品を風呂敷に包む。
□ 12 相異なる文化の融合を図る。
□ 13 母はめったに愚痴を言わない。
□ 14 勾欄の美しい模様を彫りあげる。
□ 15 日照りで貯水池が枯渇した。
□ 16 市が管轄する建物を競売に出す。
□ 17 若旦那は短気という評判だ。
□ 18 囲碁の基本を教えてもらう。
□ 19 拳闘で勝敗を決する。
□ 20 室町時代に建立された古寺だ。
□ 21 不祥事で役員が更迭された。
□ 22 豪華な邸宅を構える。
□ 23 この作品は隠喩が多く難解だ。
□ 24 彼は開校以来の俊秀といわれる。
□ 25 香港は英国の租借地であった。
□ 26 涙腺がゆるいので困る。

□ 27 *弾劾によって裁判官を裁く。（　）
□ 28 郷土玩具の店を経営する。（　）
□ 29 稚拙な作品で恥ずかしい。（　）
□ 30 今日の*釣果は上々だった。（　）
□ 31 酒色に惑溺する日々を送る。（　）
□ 32 手腕を買われ店長に登庸された。（　）
□ 33 謹んで哀悼の気持ちを表した。（　）
□ 34 図書の返却を督促される。（　）
□ 35 憂鬱な気分が晴れない。（　）
□ 36 人員の配置を把握しておく。（　）
□ 37 辞典で語源を詮索する。（　）
□ 38 今日は頻繁に電話がかかる。（　）
□ 39 褒賞を出して社員を励ます。（　）
□ 40 京都に近い五か国を畿内と呼んだ。（　）

□ 41 人民は苛政に苦しめられた。（　）
□ 42 約束したことは必ず履行したい。（　）
□ 43 *因循な手段はとりたくない。（　）
□ 44 菜種を圧搾して油をとる。（　）
□ 45 未曽有の大災害となった。（　）
□ 46 煩悩を取り除きたい。（　）
□ 47 この度はご愁傷さまです。（　）
□ 48 ロケットを搭載した飛行機が飛ぶ。（　）
□ 49 世界の安寧のために尽くす。（　）
□ 50 次の試験には一抹の不安がある。（　）

ワンポイント

3 漸次＝しだいに。「漸」は「暫《ざん》」や「斬《ざん》」と似ているため「ざん」と読みやすい。
5 寡黙＝言葉数の少ないこと。
7 享有＝生まれつき持っていること。
27 弾劾＝罪を調べ暴くこと。
30 釣果＝釣りの成果。
43 因循＝因循姑息の四字熟語としてよく用いられる。

漢字力がつく

二級配当漢字だけでなく、**常用漢字すべてが出題の対象**となる。また、同じ漢字が読み書きに重複して出題されることも心に留めておこう。

2 漢字の読み（音読み）②

――熟語の意味を正しく理解し覚えよう

よく出る

合格	もう一歩	がんばれ
(50〜40)	(39〜26)	(25〜　)

得点

●次の――線の読みをひらがなで記せ。

□ 1 大きな潰瘍ができた。（　　）
□ 2 近所の人には気軽に会釈をする。（　　）
□ 3 僅僅三名の出席者しかいない。（　　）
□ 4 いきなり頭部を殴打される。（　　）
□ 5 問題の核心にふれる議論となった。（　　）
□ 6 クラスで羨望の的になる。（　　）
□ 7 窮余の一策を講じた。（　　）
□ 8 漠然とした話で要領を得ない。（　　）
□ 9 友人に苦汁＊をなめさせられた。（　　）
□ 10 鯨は哺乳動物である。（　　）
□ 11 祭りの稚児が精進潔斎する。（　　）
□ 12 論文の末尾に文献を列記する。（　　）
□ 13 今日の進捗状況を確認した。（　　）

□ 14 波の削剥作用で地形が変化した。（　　）
□ 15 虚偽の報告をして罰せられる。（　　）
□ 16 一刻も猶予してはいけない。（　　）
□ 17 消火栓のそばに駐車しないこと。（　　）
□ 18 教唆扇動の罪に問われる。（　　）
□ 19 相手の挑発に乗るな。（　　）
□ 20 出奔＊以来、彼の姿を見た人はない。（　　）
□ 21 脊髄神経が圧迫されている。（　　）
□ 22 自分が施主となって法要を営む。（　　）
□ 23 雪渓を一列になって歩く。（　　）
□ 24 彼の意図を捕捉する。（　　）
□ 25 荘厳な儀式が進行する。（　　）
□ 26 世界大戦が勃発する。（　　）

□ 27 会談は冒頭から紛糾した。（　　）

□ 28 水害で村は疲弊してしまった。（　　）

□ 29 破格の年俸で契約する。（　　）

□ 30 禁錮の刑に処する。（　　）

□ 31 接種によって免疫をつくる。（　　）

□ 32 錦秋と呼ぶのにふさわしい景色だ。（　　）

□ 33 土地の問題で訴訟を起こす。（　　）

□ 34 西洋画の大家に私淑する。（　　）

□ 35 緻密に計画を練り上げる。（　　）

□ 36 真偽の判定に落款*が決め手となる。（　　）

□ 37 凄絶な争いに発展した。（　　）

□ 38 傷口から雑菌が入った。（　　）

□ 39 国会は国の唯一の立法機関である。（　　）

□ 40 賭銭をすべて失う。（　　）

□ 41 汎米主義の思想を持つ。（　　）

□ 42 外国との経済摩擦を調整する。（　　）

□ 43 相手に痛罵を浴びせる。（　　）

□ 44 輸出額は逓減*傾向だ。（　　）

□ 45 同僚と協調して仕事をする。（　　）

□ 46 谷間の湧水を飲む。（　　）

□ 47 吸収されて大企業の傘下に入る。（　　）

□ 48 責任を他人に転嫁する。（　　）

□ 49 悪辣な手段を用いる。（　　）

□ 50 わが家に待望の嫡男が生まれた。（　　）

ワンポイント

9 苦汁＝苦い経験。同じ音の苦渋と混用しないこと。

20 出奔＝家や土地を投げ出して行方をくらますこと。

36 落款＝書画に筆者が自分の名を書いたり印を押したりすること。または、その署名や印。

44 逓減＝次第に減ること。漸減《ぜんげん》と同じ。

漢字力がつく **同音の語**や**似形異字**に注意し、読みまちがいのないように気をつけよう。

3 漢字の読み（音読み）③

——読めるだけでなく、正しく書けるようにしよう

合格	もう一歩	がんばれ
(50〜40)	(39〜26)	(25〜)

得点

● 次の——線の読みをひらがなで記せ。

□ 1 人類にとって久遠の理想を求める。（　　）
□ 2 余った布で巾着を作る。（　　）
□ 3 本国から派遣され島に駐屯している。（　　）
□ 4 身分の詐称が発覚した。（　　）
□ 5 寺院の土塀の修繕が終わった。（　　）
□ 6 天然の要塞に近づけない。（　　）
□ 7 激しく蛇行している川を下る。（　　）
□ 8 幼児の頑是ない笑顔に心が和む。（　　）
□ 9 資金を捻出しなければならない。（　　）
□ 10 赤字の累積が倒産につながった。（　　）
□ 11 今後の経済について洞察する。（　　）
□ 12 拉致されて外に連れて行かれる。（　　）
□ 13 十年越しとは悠長な話だ。（　　）

□ 14 その事実に戦慄すらおぼえる。（　　）
□ 15 漏水のため道路の中央が陥没した。（　　）
□ 16 哲学界の泰斗*と仰がれる。（　　）
□ 17 真実は瞭然としている。（　　）
□ 18 紺青の海の色が忘れられない。（　　）
□ 19 彼は旦夕*勉学を怠らない。（　　）
□ 20 艦艇が港外に集結している。（　　）
□ 21 首肯*し難い説が論じられた。（　　）
□ 22 友人の訃音に接する。（　　）
□ 23 各地の民謡を採譜して歩く。（　　）
□ 24 酪農を一生の仕事としたい。（　　）
□ 25 彼女はその柳眉を逆立てた。（　　）
□ 26 偏狭な考え方をする人だ。（　　）

□ 27 内出血で紫斑が生じた。（　　）

□ 28 生態系に甚大な被害を及ぼす。（　　）

□ 29 彼の意図は奈辺にあるのだろう。（　　）

□ 30 門扉は固く閉じられたままだ。（　　）

□ 31 敵を懸崖に追いつめた。（　　）

□ 32 登記簿の謄本を請求する。（　　）

□ 33 部屋に閉じこもり思索にふける。（　　）

□ 34 郷土の民話を老翁から聞く。（　　）

□ 35 この辺りは洪積層の渓谷である。（　　）

□ 36 京都の古刹を巡る。（　　）

□ 37 手紙を謹啓の語で書き始める。（　　）

□ 38 煙硝の扱いには注意しよう。（　　）

□ 39 宝石をありがたく頂戴する。（　　）

□ 40 アジアの枢軸*国に成長する。（　　）

□ 41 労働の報酬を受け取る。（　　）

□ 42 世の中の推移を諦観する。（　　）

□ 43 新しく造った道路に砕石を敷く。（　　）

□ 44 恩師から受けた薫陶*を忘れない。（　　）

□ 45 合成樹脂を加えて可塑性*を強める。（　　）

□ 46 あの人は愚昧な人物とは思えない。（　　）

□ 47 動物の擬似行動は面白い。（　　）

□ 48 出藍の誉れの言葉通りだ。（　　）

□ 49 贈賄の問題が新聞をにぎわす。（　　）

□ 50 浄瑠璃を習いに行く。（　　）

ワンポイント

16 泰斗＝世間から重んぜられる権威者。
19 旦夕＝朝夕。しじゅう。
21 首肯＝もっともだと、認めること。

40 枢軸＝権力の中心。
44 薫陶＝徳によって感化し、すぐれた人間にすること。
45 可塑性＝力を取り去ってもひずみが残る性質。

漢字力がつく　二字の熟語で、初めの字を音、後の字を訓で読む読み方を「**重箱読み**」、逆の読み方を「**湯桶《ゆとう》読み**」という。

4 漢字の読み（音読み）④

――熟語の正しい使い方を覚えよう

合格（50〜40）
もう一歩（39〜26）
がんばれ（25〜　）
得点

● 次の――線の読みをひらがなで記せ。

□ 1 両者の力量には雲泥の差がある。（　　）
□ 2 転んで足首を捻挫してしまった。（　　）
□ 3 *返戻金を会計に入れる。（　　）
□ 4 心の*琴線に触れる話だった。（　　）
□ 5 淫雨のため今年の米は不作だ。（　　）
□ 6 惰性に流された生活を断ち切れ。（　　）
□ 7 生産過剰のため価格が下がる。（　　）
□ 8 自らを嘲笑する程だった。（　　）
□ 9 世界には飢餓に苦しむ人も多い。（　　）
□ 10 畑に堆肥を使用する。（　　）
□ 11 英語の発音を矯正した。（　　）
□ 12 業績が向上しご同慶の至りです。（　　）
□ 13 運動をして椎間板を痛める。（　　）

□ 14 恣意的な行動は皆の迷惑だ。（　　）
□ 15 *浄財を募って堂塔を再建する。（　　）
□ 16 朝の清澄な空気を吸う。（　　）
□ 17 堕落した生活から立ち直った。（　　）
□ 18 欠席の理由を詰問されて困った。（　　）
□ 19 彼の顔には苦渋の色がにじんだ。（　　）
□ 20 妖怪の話を求めて旅をする。（　　）
□ 21 戦時中は生活物資が払底した。（　　）
□ 22 疲れ切って熟睡している。（　　）
□ 23 賄賂を贈って罪に問われる。（　　）
□ 24 役所から戸籍抄本を取り寄せる。（　　）
□ 25 頓知を働かせて乗りきる。（　　）
□ 26 優柔な態度に業を煮やす。（　　）

27 妄想を断ち切る。（　　）

28 女性蔑視の思想が残っている。（　　）

29 年に一回検診を受けている。（　　）

30 圧迫包帯で浮腫の予防をする。（　　）

31 法曹界に新風を吹き込む。（　　）

32 食欲が旺盛な時期だ。（　　）

33 インド文明発祥の地を訪ねる。（　　）

34 山麓の村を訪ねる。（　　）

35 かなり裕福な暮らしをしている。（　　）

36 冥土の土産に持って行く。（　　）

37 財閥は戦後解体された。（　　）

38 馬鹿な事を考えない方がいい。（　　）

39 酒店で吟醸酒を求める。（　　）

40 稲の出穂期なので天気が心配だ。（　　）

41 彼は絵画全般に造詣が深い。（　　）

42 病気が予想外に早く快癒した。（　　）

43 皆で親睦を深める。（　　）

44 師から衣鉢を継ぐ。*（　　）

45 業界での激しい角逐が見られる。*（　　）

46 敷地内に離れを普請する。（　　）

47 狭量な人柄では親友ができない。（　　）

48 二つの作品は酷似している。（　　）

49 解熱剤が効いたようだ。（　　）

50 家族の葛藤を一幕の劇に仕上げた。（　　）

ワンポイント

3 返戻＝元に戻すこと。
4 琴線＝心のなかにひそむ真情のこと。
15 浄財＝個人の利益とは関係なく寄付する金銭。
44 衣鉢＝けさと鉢。また、学問・技芸などの奥義のこと。
45 角逐＝お互いに張り合って、勢力を争うこと。類義語は「対抗」。

漢字力がつく

常用漢字の中にも**特別な音訓**をもつものがある。26の「業」はその例である。完全に読めるようにしておこう。

5 漢字の読み（訓読み）①

――送りがなの付く漢字の読みに注意しよう

よく出る

合格	(50〜40)
もう一歩	(39〜26)
がんばれ	(25〜)

得点

● 次の――線の読みをひらがなで記せ。

□ 1 清濁併せのむ人物といわれる。（　　）
□ 2 神仏を畏れ敬う。（　　）
□ 3 読書は心の糧となる。（　　）
□ 4 危うく溺れるところだった。（　　）
□ 5 台風が九州南方に居据わる。（　　）
□ 6 塩で味を調える。（　　）
□ 7 雑布で汚れを拭きとる。（　　）
□ 8 医者に傷を診てもらう。（　　）
□ 9 念願の棟上げも無事終わった。*（　　）
□ 10 人の心を弄んではいけない。（　　）
□ 11 大根を収穫して漬け物にする。（　　）
□ 12 適任者として後輩を上司に薦める。（　　）
□ 13 一刀のもとに斬り捨てた。（　　）

□ 14 隣家に迷惑をかけた償いをする。（　　）
□ 15 膝頭を机にぶつけてしまった。（　　）
□ 16 時間を割いて友人の相談に乗る。（　　）
□ 17 和やかな雰囲気が醸し出された。*（　　）
□ 18 会社としての礎を確立する。（　　）
□ 19 幼い時から思いやりの心を培う。（　　）
□ 20 敵を蹴散らして攻めて行く。（　　）
□ 21 大地震に見舞われる虞はないか。（　　）
□ 22 他人を陥れる行為は許されない。（　　）
□ 23 一審の判決を覆して無罪になる。（　　）
□ 24 老人を疎んじることはよくない。（　　）
□ 25 木に竹を接いだような話だ。（　　）
□ 26 風雨にさらされペンキが剝げた。（　　）

□ 27 繭から取った糸を生糸という。（　　）

□ 28 あの人とは何となく肌が合わない。（　　）

□ 29 地方に新しい産業を興す。（　　）

□ 30 干潟*に集まる野鳥を保護しよう。（　　）

□ 31 少ないチャンスを捉えて生かす。（　　）

□ 32 発掘調査で古い窯跡が発見された。（　　）

□ 33 呪いの言葉をつぶやいた。（　　）

□ 34 目障りな建物が家の前に建った。（　　）

□ 35 笑い過ぎて脇腹が痛くなった。（　　）

□ 36 話題を変えて急場を繕う。（　　）

□ 37 大河の源流へと遡る旅をする。（　　）

□ 38 姉は私の頼みを強く拒んだ。（　　）

□ 39 僅かなエネルギーでやりとげる。（　　）

□ 40 インフレで生活が脅かされた。（　　）

□ 41 庭に挿し木をする。（　　）

□ 42 先輩に倣って元気に挨拶した。（　　）

□ 43 八時に集合、但し雨天の時は九時。（　　）

□ 44 足が絡んで転んでしまった。（　　）

□ 45 匂い袋を衣裳棚に入れておく。（　　）

□ 46 密入国者が悪事を謀る*。（　　）

□ 47 材を井桁に組んで補強する。（　　）

□ 48 近所の人との間に溝ができた。（　　）

□ 49 喉がからからに渇いた。（　　）

□ 50 農閑期を利用して出稼ぎに行く。（　　）

ワンポイント

9 棟上げ＝家などを建てるとき、骨組みに棟木《むなぎ》を上げること。また、その儀式のこと。

17 醸す＝ある雰囲気などをつくり出すこと。

30 干潟＝潮が引いて現れる遠浅の低地。

46 謀る＝だましたり、あざむいたりすること。「暗殺を謀る」など。

漢字力がつく

一字で長い読みをもつ漢字は難問としてよく出題される。どこまでが語幹なのかを確認しよう。

6 漢字の読み（訓読み）②

――かなづかいにも気をつけよう

よく出る

合格	もう一歩	がんばれ
(50〜40)	(39〜26)	(25〜　)

得点

● 次の――線の読みをひらがなで記せ。

□ 1 鳥籠で文鳥を飼う。（　　）
□ 2 弟は専らパソコンに凝っている。（　　）
□ 3 事件の謎を解明する。（　　）
□ 4 年末は例年のように慌ただしい。（　　）
□ 5 桑の実が熟れるころになった。（　　）
□ 6 ハンカチで涙を拭う。（　　）
□ 7 偏った食事の仕方を改める。（　　）
□ 8 かんで含めるように幼児を諭す。（　　）
□ 9 麗しい友情の物語を読む。（　　）
□ 10 店で丼物を注文する。（　　）
□ 11 生垣*のカラタチに実がなった。（　　）
□ 12 尻上がりに調子を上げてきた。（　　）
□ 13 寄付によって経費を賄う。（　　）

□ 14 委員会に諮って結論を出す。（　　）
□ 15 祖父の霊を懇ろに弔う。（　　）
□ 16 友人と酒を酌み交わす。（　　）
□ 17 珍しい季節料理に舌鼓*を打つ。（　　）
□ 18 賭け事は法律で禁じられている。（　　）
□ 19 不誠実な応対に憤りを感じた。（　　）
□ 20 梅干しを見て生唾が出た。（　　）
□ 21 誰一人として否めない事実だ。（　　）
□ 22 奥歯に物の挟まったような言い方。（　　）
□ 23 食卓に肘を突いてはいけない。（　　）
□ 24 立場が危うくなり前言を翻す。（　　）
□ 25 鍋をきれいに洗う。（　　）
□ 26 緑の滴るような若葉が美しい。（　　）

□ 27 切手を貼りつける。（　　）

□ 28 父は人に頼ることを嫌がる。（　　）

□ 29 庭にある梨の木に登る。（　　）

□ 30 庭園から琴を奏でる音が聞こえる。（　　）

□ 31 雑用の煩わしさから逃れる。（　　）

□ 32 肉食を忌む*地方がある。（　　）

□ 33 長唄の師匠に会いに行く。（　　）

□ 34 東国を統べる*大名となった。（　　）

□ 35 人の秘密を嗅ぎまわる。（　　）

□ 36 矯めるなら若木のうちだ。（　　）

□ 37 ご入用の品、確かに承り*ました。（　　）

□ 38 隙間だらけで寒い部屋だ。（　　）

□ 39 真相を闇に葬ってはいけない。（　　）

□ 40 暖かな日が続き桜も綻び始めた。（　　）

□ 41 明日、若しくは明後日に伺います。（　　）

□ 42 ライバルの計画を握り潰す。（　　）

□ 43 漆にかぶれて顔がはれた。（　　）

□ 44 彼女の声は大変艶っぽい。（　　）

□ 45 町の有力者を名誉職に奉る。（　　）

□ 46 炭坑の町はすっかり廃れた。（　　）

□ 47 若者がみこしを担いで練り歩く。（　　）

□ 48 議題は大枠のところで決まった。（　　）

□ 49 枕を高くして寝る。（　　）

□ 50 お祝いのことばを賜った。（　　）

ワンポイント

11 生垣＝植木を巡らせてつくった垣根。

17 舌鼓＝「舌鼓を打つ」は、食べ物がとてもうまく、思わず舌を鳴らすこと。

32 忌む＝嫌う、避ける、憎むなどの意味。

34 統べる＝支配すること。

37 承る＝ここは「引き受ける」の意味の謙譲語。

漢字力がつく

訓読みの語は**送りがな**も含めて正確に覚えるようにしよう。送りがなの部分まで書いてしまう「うっかりミス」に注意。

7 漢字の読み（熟字訓・当て字　特別な音訓）①

——正確な読み方を正しく覚えよう

よく出る

合格	もう一歩	がんばれ	得点
(50〜40)	(39〜26)	(25〜　)	

● 次の——線の読みをひらがなで記せ。

□ 1 押し入れから古い行火が出てきた。（　　）
□ 2 自分だけが蚊帳の外に置かれた。（　　）
□ 3 小川で雑魚を捕る。（　　）
□ 4 秋祭りに山車を引き回す。（　　）
□ 5 名残を惜しみつつ友と別れる。（　　）
□ 6 この話題は職場ではご法度らしい。（　　）
□ 7 事故を目の当たりにする。（　　）
□ 8 由緒ある神社に参拝する。（　　）
□ 9 謀反を起こして味方を裏切った。（　　）
□ 10 恥ずかしさに顔が火照る。（　　）
□ 11 神主が祝詞*を厳かに読む。（　　）
□ 12 本堂から読経の声が聞こえる。（　　）
□ 13 借入金は返戻金で相殺*される。（　　）

□ 14 心神耗弱のため責任を問われない。（　　）
□ 15 祖先の回向のためお寺に参る。（　　）
□ 16 早朝から魚河岸に仕入れに行く。（　　）
□ 17 どことなく春の息吹を感じる。（　　）
□ 18 築山を設けた広大な庭園だ。（　　）
□ 19 観音様の御利益を授かる。（　　）
□ 20 世間に広く流布している話だ。（　　）
□ 21 銅にできたさびを緑青という。（　　）
□ 22 苗代の上をツバメが飛び交う。（　　）
□ 23 仲人を恩師にお願いした。（　　）
□ 24 群集は雪崩を打って殺到した。（　　）
□ 25 彼は柔道の猛者として有名だ。（　　）
□ 26 湯上がりに浴衣を着てくつろぐ。（　　）

27 数寄屋造りの離れを建てた。（　　）

28 脚立に乗って高い所の枝を払う。（　　）

29 法被姿の番頭に案内された。（　　）

30 入社したばかりの初々しい新人だ。（　　）

31 治安が良いので安穏*に暮らせる。（　　）

32 桟敷から大相撲を見る。（　　）

33 五月雨をあつめて早し最上川（　　）

34 投げた網を手繰り寄せる。（　　）

35 祖母は今でも足袋を愛用している。（　　）

36 困っている人に功徳を施す。（　　）

37 お寺の庫裏を改築する。（　　）

38 疫病神のように嫌われている。（　　）

39 ひさしを貸して母屋を取られる。（　　）

40 言質を取られないように発言する。（　　）

41 三が日はお節料理で済ませた。（　　）

42 新柄の反物が披露された。（　　）

43 好事家*をもって任じている人だ。（　　）

44 土壇場で失敗してしまった。（　　）

45 徳川家康は権現様と呼ばれた。（　　）

46 精進料理を用意する。（　　）

47 朝夕の勤行が厳粛に行われる。（　　）

48 虚空をつかんで倒れた。（　　）

49 町家の古い格子戸をくぐる。（　　）

50 梅雨どきはかびがよく発生する。（　　）

ワンポイント

11 祝詞＝「しゅくし」と読めば「祝辞」のことになる。
13 相殺＝「そうさつ」は慣用的読み。
31 安穏＝平和で穏やかな様子。このように音が変化するものも少なくない。
43 好事家＝もの好きのこと。

漢字力がつく

熟字訓は漢字で書き表した語を、漢字一字ずつ読まず、まとめて一つの訓として読む特別な熟語である。（常用漢字表「付表」）

8 漢字の読み（熟字訓・当て字 特別な音訓）②

――付表の読みをマスターしよう

よく出る

合格	もう一歩	がんばれ
(50～40)	(39～26)	(25～　)

得点

●次の――線の読みをひらがなで記せ。

□ 1 幼少から染みついた癖が抜けない。（　　）
□ 2 早苗が風にそよぐ。（　　）
□ 3 村祭りで神楽が奉納された。（　　）
□ 4 金の亡者と陰口をたたかれる。（　　）
□ 5 選挙区を遊説*してまわる。（　　）
□ 6 弟は幼いころ意気地無しだった。（　　）
□ 7 従容として死に就いた。（　　）
□ 8 数珠を手に合掌する。（　　）
□ 9 最近は素人も歌が上手になった。（　　）
□ 10 博物館で太刀の展示を見る。（　　）
□ 11 すばらしい景色に囲まれる。（　　）
□ 12 孫が祭りの稚児に選ばれた。（　　）
□ 13 伝馬船に乗って川を下る。（　　）
□ 14 漁師が船上から投網を打つ。（　　）
□ 15 十日間の断食修行を終えた。（　　）
□ 16 考えていた値で競り落とした。（　　）
□ 17 田舎の両親に便りを書く。（　　）
□ 18 たまには物見遊山の旅をしよう。（　　）
□ 19 固唾をのんで見守る。（　　）
□ 20 柔らかな布団でぐっすり眠る。（　　）
□ 21 今夜の献立はとても豪華だ。（　　）
□ 22 八百長ではないかと抗議する。（　　）
□ 23 世話になった人に歳暮を贈る。（　　）
□ 24 海女が海中深く潜る。（　　）
□ 25 時雨に遭って雨宿りをする。（　　）
□ 26 芝生に寝転んで空を仰ぐ。（　　）

□ 27 立ち退きを迫られて途方に暮れる。（　　）

□ 28 母の白髪*が目立つようになった。（　　）

□ 29 我が家の猫は哀れな最期を遂げた。（　　）

□ 30 古道具は納屋に保管している。（　　）

□ 31 炎に囲まれ生きた心地がしない。（　　）

□ 32 彼の腕前は玄人はだしだ。（　　）

□ 33 硫黄*は青白い炎をあげて燃える。（　　）

□ 34 夏至には太陽が最も北に片寄る。（　　）

□ 35 吹雪のため遭難者が出た。（　　）

□ 36 戦が長びき兵糧が尽きそうだ。（　　）

□ 37 寄席で落語を聞く。（　　）

□ 38 大仏開眼*の法要が営まれる。（　　）

□ 39 少女の八重歯が印象的だ。（　　）

□ 40 神前に神酒を供えて加護を祈る。（　　）

□ 41 納豆は栄養価の高い食品だ。（　　）

□ 42 師走の寒風が身にしみる。（　　）

□ 43 寂として声もなかった。（　　）

□ 44 大和絵の展覧会が催される。（　　）

□ 45 あの先生はとても律儀だ。（　　）

□ 46 子どもの顔の産毛をそる。（　　）

□ 47 ミレーは野良で働く人を描いた。（　　）

□ 48 愛犬の行方が分からなくなった。（　　）

□ 49 御来光の神々しさに粛然とした。（　　）

□ 50 山門の仁王が国宝に指定された。（　　）

ワンポイント

5 遊説＝各地に出かけ（政治的な）演説をすること。

28 白髪＝「はくはつ」は音読み。ここでは「しらが」と読まなければならない。

33 硫黄＝「ユワウ」が転じて「イオウ」と発音する。

38 開眼＝「かいげん」。「かいが・ん」は視力のなかった目を見えるようにすること。

漢字力がつく

当て字は本来の漢字の用法とかかわりなく、その音訓だけを借りて、語を書き表すのに使うものである。

9 書き取り（音読み）①

——くずさず正確にはっきりと書こう

よく出る

合格	もう一歩	がんばれ	得点
(50〜40)	(39〜26)	(25〜)	

● 次の——線のカタカナを漢字に直せ。

1 規制の＊テッパイが活性化を促す。（　　）
2 カクリョウの資産が公開された。（　　）
3 カンペキな仕上がりに満足する。（　　）
4 小言にはメンエキがついている。（　　）
5 ヤッカイ者扱いをされて心外だ。（　　）
6 疑いをフッショクする。（　　）
7 相互フジョの精神に基づく活動。（　　）
8 交通事故のボクメツを目指す。（　　）
9 正月には神社にサンケイする。（　　）
10 時期ショウソウだと見送られた。（　　）
11 責任者が＊イカンの意を表する。（　　）
12 ＊ダミンをむさぼってはいられない。（　　）
13 朝のアイサツを交わす。（　　）

14 銃に弾丸をソウテンする。（　　）
15 行政のチュウスウで働く。（　　）
16 優勝に導くサイハイをふるった。（　　）
17 イカク射撃をして犯人を捕らえる。（　　）
18 思わぬ＊ケンギをかけられ不愉快だ。（　　）
19 ＊イチマツの寂しさを感じる。（　　）
20 事件のカチュウに巻きこまれる。（　　）
21 ジンゾウに負担をかける。（　　）
22 生産カジョウが価格下落の原因だ。（　　）
23 国家財政がキュウハクしている。（　　）
24 ドンヨクに勝利をめざす。（　　）
25 結婚のごシュウギを包む。（　　）
26 河川がハンランしてしまった。（　　）

□ 27 二人は**ケンエン**の仲といわれる。（　　）
□ 28 重要なページに**フセン**を貼る。（　　）
□ 29 切りたった崖に**サンドウ**を渡す。（　　）
□ 30 行方不明者の**ソウサク**を続ける。（　　）
□ 31 兄は**センサイ**な神経の持ち主だ。（　　）
□ 32 地価の**コウトウ***が終息する。（　　）
□ 33 失敗続きで自信を**ソウシツ***する。（　　）
□ 34 不備な規約を**ゼンジ**改める。（　　）
□ 35 資金を**ユウズウ**してもらった。（　　）
□ 36 **ハンシン**地方では有数の大企業だ。（　　）
□ 37 温泉の**ヨクソウ**に首まで浸る。（　　）
□ 38 会議が紛糾して**ナンジュウ**する。（　　）
□ 39 **ジンソク**に事故処理をする。（　　）
□ 40 情勢の変化を**チクジ**報告する。（　　）

□ 41 作業の合間に**テキギ***休憩する。（　　）
□ 42 文章の途中に**ソウワ***を織り込む。（　　）
□ 43 耐え難い程の**クツジョク**を受けた。（　　）
□ 44 チェロの**ケイコ**を毎日三時間する。（　　）
□ 45 重責を**ソウケン**に担う。（　　）
□ 46 **シサ**に富んだ発言にうなずいた。（　　）
□ 47 彼の態度は大変**ゴウマン**だ。（　　）
□ 48 趣味の会で**ショウガイ**の友を得た。（　　）
□ 49 もっと意志の**ソツウ**を図るべきだ。（　　）
□ 50 話がこじれ**ソショウ**に持ち込む。（　　）

ワンポイント

●まちがえやすい例

1 テッパイ（徹×廃）
11 イカン（遺×感）
12 ダミン（堕×眠）
18 ケンキ（謙×疑）
19 イチマツ（一末×）
32 コウトウ（高騰×）
33 ソウシツ（衷×失）
41 テキギ（適×宣）
42 ソウワ（捜×話）

漢字力がつく

楷書の字体には許容があるが、まず、**標準字体**を正確に覚えることが大切である。**はね・とめ・はらい**なども正確に書こう。

10 書き取り（音読み）②

——文章を正確に読み取って文字を選ぼう

よく出る

合格	もう一歩	がんばれ
(50〜40)	(39〜26)	(25〜　)

得点

● 次の——線のカタカナを漢字に直せ。

□ 1 掛け軸にカイショの文字が並ぶ。（　　）
□ 2 観光案内を作ってハンプする。（　　）
□ 3 条約がヒジュンされた。（　　）
□ 4 ハイカイ連歌が盛んに作られた。（　　）
□ 5 彼女はホンポウな性格だ。（　　）
□ 6 サケが生まれた川をソジョウする。（　　）
□ 7 北海道でラクノウを営む。（　　）
□ 8 バクゼンとした説明では困る。（　　）
□ 9 オクビョウ者ほど大声でわめく。（　　）
□ 10 計画の不備がロテイしてしまった。（　　）
□ 11 農業をヒヘイ＊させてはならない。（　　）
□ 12 ユウヨウ迫らぬ態度を失わない。（　　）
□ 13 仏にキエし修行に励む。（　　）

□ 14 地獄のサタも金次第という。（　　）
□ 15 シンセキの家に泊まりに行く。（　　）
□ 16 会談はアンショウに乗り上げた。（　　）
□ 17 労働に対するホウシュウを求める。（　　）
□ 18 あのシッソウ事件は未解決だ。（　　）
□ 19 住民票のトウホン＊を取り寄せる。（　　）
□ 20 珍しい体験をヒロウする。（　　）
□ 21 血液は体内をジュンカン＊している。（　　）
□ 22 赤字で役員をヒメンされる。（　　）
□ 23 ショウチュウを工場で作る。（　　）
□ 24 アンカンとしていられない情勢だ。（　　）
□ 25 あいまいな処理がカコン＊を残す。（　　）
□ 26 肺炎で内科ビョウトウに入院する。（　　）

□ 27 **ゾウゲ**を取るため密猟が行われる。（　　）

□ 28 **イス**を会議室に並べる。（　　）

□ 29 裁判官を**ダンガイ**する。*（　　）

□ 30 激しい**ハケン**争いを繰り広げる。（　　）

□ 31 完全に**チユ**するまで静養したい。（　　）

□ 32 老人は**コクウ**をつかんで倒れた。（　　）

□ 33 役員の大幅な**コウテツ**が行われた。*（　　）

□ 34 **ショセン**彼は大臣の器ではない。（　　）

□ 35 **シンシ**な姿勢で取り組む。（　　）

□ 36 保育所の設置を**カツボウ**する。（　　）

□ 37 友の忠告を**ケンキョ**に聞き入れる。（　　）

□ 38 政治家の**カイコロク**を読む。（　　）

□ 39 **アイマイ**な態度でごまかす。（　　）

□ 40 酒席で**シュウタイ**を演じる。（　　）

□ 41 **ヒヨク**な大地が実りをもたらす。（　　）

□ 42 情状を**シャクリョウ**し減刑される。（　　）

□ 43 問題点を**ホウカツ**して質問する。（　　）

□ 44 軽快な**センリツ**が心地よく流れる。*（　　）

□ 45 **セッチュウ**案によって解決をみる。（　　）

□ 46 運動によって**ヘイコウ**感覚を養う。*（　　）

□ 47 **ニッカン**首脳会談が行われた。（　　）

□ 48 土砂崩れの**ケネン**がある。（　　）

□ 49 業者が**ゾウワイ**の罪に問われる。（　　）

□ 50 彼は女性の**ショウケイ**の的だ。（　　）

ワンポイント

●まちがえやすい例

11 ヒヘイ（疲弊×）
19 トウホン（騰×本）
21 ジュンカン（循還×）
25 カコン（渦×根）

29 ダンガイ（弾該×）
33 コウテツ（更送×）
44 センリツ（施×律）
46 ヘイコウ（平行×）

漢字力がつく

同音異義語や**似形異字**に十分注意して書くようにする。「**ワンポイント**」の例は特によく誤る字である。

11 書き取り（音読み）③

――漢字能力の真の実力が問われる

よく出る

合格	もう一歩	がんばれ
(50〜40)	(39〜26)	(25〜　)

得点

●次の――線のカタカナを漢字に直せ。

□ 1 商店街の**センベイ**屋が評判になる。（　）
□ 2 彼は**ソウリョ**となり寺を継いだ。（　）
□ 3 利益の一部を社会に**カンゲン**する。（　）
□ 4 生まれて初めて**ザセツ**を味わう。（　）
□ 5 温室*__サイバイ__の菊が出荷される。（　）
□ 6 その制度は**ケイガイ**化している。（　）
□ 7 証拠物件が**オウシュウ**された。（　）
□ 8 薬の効果が**ケンチョ**にあらわれた。（　）
□ 9 単なる文字の**ラレツ**に過ぎない。（　）
□ 10 一家の無事と**アンタイ**を祈念した。（　）
□ 11 港に**カンテイ**が停泊している。（　）
□ 12 国民の*__コウボク__としての自覚をもつ。（　）
□ 13 **インリツ**を学んで漢詩を詠んだ。（　）

□ 14 心筋**コウソク**のため入院した。（　）
□ 15 実権を一手に**ショウアク**する。（　）
□ 16 部下を厳しく**シッセキ**する。（　）
□ 17 ピアノの**ケンバン**を修理する。（　）
□ 18 重労働で体力を**ショウモウ**した。（　）
□ 19 大統領は**コクヒン**として来日した。（　）
□ 20 先生の忠告を*__メイキ__している。（　）
□ 21 学校一の**サイエン**と呼ばれる。（　）
□ 22 秋の一日を*__ショサイ__で過ごす。（　）
□ 23 他の**ツイズイ**を許さない出来栄え。（　）
□ 24 食料品が**フッテイ**している。（　）
□ 25 自説を**ガンキョウ**に言い張る。（　）
□ 26 小事に**コウデイ**して大局を見失う。（　）

□ 27 **ジミ***にあふれた心温まる作品だ。（　　）
□ 28 当地の特産品として**スイショウ***する。（　　）
□ 29 大臣の汚職で政権は**ガカイ**した。（　　）
□ 30 本堂修繕の**ジョウザイ**を集める。（　　）
□ 31 長年の**ケンアン**事項が解決した。（　　）
□ 32 大統領が何者かに**ソゲキ**された。（　　）
□ 33 本物に**コクジ***した複製品だ。（　　）
□ 34 英語の発音を**キョウセイ***してもらう。（　　）
□ 35 犬の**キュウカク**は想像以上に鋭い。（　　）
□ 36 師の**イハツ**を継いで精進する。（　　）
□ 37 連休でどこも車の**コウズイ**だ。（　　）
□ 38 肩を**ダッキュウ**し病院へ行く。（　　）
□ 39 前代未聞の**フショウジ***が起こる。（　　）
□ 40 力の差が**ニョジツ**に現れる。（　　）

□ 41 **ヒッス**アミノ酸の性質を学んだ。（　　）
□ 42 テレビの恩恵を**キョウジュ**する。（　　）
□ 43 いまさら**グチ**をこぼすな。（　　）
□ 44 社長の**ホサ**役に徹している。（　　）
□ 45 時間をかけて**シャフツ**消毒をした。（　　）
□ 46 スポーツの**ソウカイ**感は格別だ。（　　）
□ 47 剣道の**オウギ**を極めた達人だ。（　　）
□ 48 責任を他に**テンカ**している。（　　）
□ 49 **メンルイ**が大好物だ。（　　）
□ 50 雑誌を定期**コウドク**している。（　　）

ワンポイント

● **まちがえやすい例**

5 サイバイ（栽×培）
12 コウボク（公撲×）
20 メイキ（明×記）
22 ショサイ（書斉×）

27 ジミ（地×味）
28 スイショウ（推称×）
33 コクジ（酷示×）
34 キョウセイ（教正×）
39 フショウジ（不詳×事）

漢字力がつく　検定試験はあくまでも常用漢字の範囲内ということなので、旧字体を書いてはまちがいになることも頭に入れておこう。

12 書き取り（訓読み・熟字訓・当て字）①

——語の意味を正確にとらえてから書こう

よく出る

合格	もう一歩	がんばれ
(50～40)	(39～26)	(25～)

得点

● 次の——線のカタカナを漢字に直せ。

1 バラの花を花瓶にサ*す。（　　）
2 母家のムネ上げの祝いをする。（　　）
3 落とし物が思いがけずモドる。（　　）
4 塩分をヒカえた料理を作る。（　　）
5 カマ元で陶器を買う。（　　）
6 今日はタナオロしで忙しい。（　　）
7 電車のドアで指をハサむ。（　　）
8 行く手をハバむ物を排除する。（　　）
9 無数の星がマタタく。（　　）
10 好試合に競技場がワく。（　　）
11 イまわしい思い出を捨てた。（　　）
12 平和な生活をオビヤかす。（　　）
13 逃亡した犯人をサガ*す。（　　）

14 妹は語学にヒイでた才能をみせる。（　　）
15 相手をアナドってはいけない。（　　）
16 春眠アカツキを覚えず。（　　）
17 誠意のなさにイキドオる。（　　）
18 木陰でしばらくイコう。（　　）
19 心のカテとなるような本を読む。（　　）
20 皆にカツがれて委員長を務める。（　　）
21 前例にナラって簡素に行う。（　　）
22 明るい雰囲気をカモし出した。（　　）
23 失敗にコりて意欲をなくす。（　　）
24 父にサトされて目が覚めた。（　　）
25 当たりサワ*りのない話をする。（　　）
26 先方はよく支払いをシブる。（　　）

□ 27 赤ちゃんの首がスわってきた。（　　）

□ 28 ごみを庭のスミに掃き寄せる。（　　）

□ 29 良い習慣がスタれてしまう。（　　）

□ 30 全力で試合に臨むことをチカう。（　　）

□ 31 鉄のトビラがゆっくり開く。（　　）

□ 32 飼い犬は妹によくナツいてくる。（　　）

□ 33 庭の花を部屋からナガめる。（　　）

□ 34 初戦から三連敗のウき目を見る。（　　）

□ 35 ネコの額のような庭だ。（　　）

□ 36 部下の良い点を見つけてホめる。（　　）

□ 37 歯をよくミガいて虫歯を防ぐ。（　　）

□ 38 マボロシの名画といわれる。（　　）

□ 39 趣味はモッパら絵を描くことだ。（　　）

□ 40 感動的な話に目がウルむ。（　　）

□ 41 エリを正して政治改革に尽くす。（　　）

□ 42 春のイブキを感じる。（　　）

□ 43 リンゴのカンバしい香りがする。（　　）

□ 44 すだれをつるして日光をサエギる。（　　）

□ 45 新しい靴をハ*いて外出する。（　　）

□ 46 報告の提出をせかされてアセる。（　　）

□ 47 難関校の入試にイドむ。（　　）

□ 48 両者は最後まで激しくセり合った。（　　）

□ 49 祭りにチゴの行列が加わる。（　　）

□ 50 秋の祭礼でカグラを奉納する。（　　）

ワンポイント

● 同じ訓の字（例）

1「さ（す）」 花を挿す／日が差す／針を刺す

13「さが（す）」 犯人を捜す／空き家を探す

25「さわ（る）」 気に障る／手に触る

45「は（く）」 草履を履く／庭を掃く／煙を吐く

漢字力がつく

同じ訓をもつ漢字の中には、**微妙に異なる意味をもつもの**がある。文脈に即した最も適切な字を選ぶようにしよう。

13 書き取り（訓読み・熟字訓・当て字）②

——同訓異字に気をつけよう

よく出る

合格	もう一歩	がんばれ
(50〜40)	(39〜26)	(25〜)

得点

● 次の——線のカタカナを漢字に直せ。

□ 1 ウルシ塗りの菓子鉢を買う。（　　）
□ 2 聞くにタえないやじだった。（　　）
□ 3 赤いハナオのげたがかわいい。（　　）
□ 4 罪のない人をオトシイれる。（　　）
□ 5 去る者日々にウト*し。（　　）
□ 6 ツタのつるがカラみ合う。（　　）
□ 7 浜で美しいカイガラを拾う。（　　）
□ 8 授業料をアルバイトでカセぐ。（　　）
□ 9 優勝を祝って酒をクみ交わす。（　　）
□ 10 この成功は平素の訓練にヨる。（　　）
□ 11 岩のすき間からシタタる水を飲む。（　　）
□ 12 わが子をイツク*しみ育てる。（　　）
□ 13 ソソノカ*されてもその手に乗るな。（　　）

□ 14 ウルワしい友情が育まれる。（　　）
□ 15 若い夫婦が将来をチギ*り合う。（　　）
□ 16 損失を自分の責任でツグナ*う。（　　）
□ 17 公徳心をツチカうことが大切だ。（　　）
□ 18 糸をツムぐ古い道具を見た。（　　）
□ 19 鯉《こい》の大物をツ*り上げた。（　　）
□ 20 険しかった表情が思わずナゴんだ。（　　）
□ 21 ハグキから血が出て驚いた。（　　）
□ 22 紅葉が夕日にハ*える。（　　）
□ 23 自らをハズカシめる行動をとるな。（　　）
□ 24 ヒガタではまぐりを拾う。（　　）
□ 25 ホラアナの中は案外涼しかった。（　　）
□ 26 ホタルが飛ぶ情景は幻想的だ。（　　）

□27 長い間の**ワズラ**いから全快した。

□28 私はあの人とは**ハダ**が合わない。

□29 ***ネンゴ**ろに見舞いの言葉を述べる。

□30 庭の**スギ**の木は樹齢三十年だ。

□31 どうにか責任を**マヌカ**れる。

□32 帽子を**マブカ**にかぶる。

□33 定説を***クツガエ**す新しい理論だ。

□34 **アマ**が海岸でたき火をしている。

□35 親友に***コ**われて結婚式に出席した。

□36 料理の腕は**クロウト**はだしだ。

□37 薬を飲んで痛みを***シズ**める。

□38 幼児を***シイタ**げるのは非人間的だ。

□39 インクの**シ**みを修正液で消す。

□40 歌手の周りに**ヒトガキ**ができる。

□41 賛成か**イナ**かの決を採る。

□42 命を**カ**けて仕事に取り組む。

□43 **ミニク**い言い争いはしたくない。

□44 公園で愛犬と**タワム**れる。

□45 **ドロナワ**式の勉強では合格しない。

□46 **サジキ**で芝居を見物する。

□47 **テンマセン**に乗って川を下る。

□48 神主が恭しく**ノリト**を読み上げる。

□49 網にかかったのは**ザコ**ばかりだ。

□50 **カヤ**をつって寝たころが懐かしい。

ワンポイント

●和語と漢語（漢字を音で読む）

5 ウトむ→疎外
12 イツクしむ→慈愛
13 ソソノカす→教唆
15 チギる→契約

16 ツグナう→賠償
19 ツる→釣果
22 ハえる→反映
29 ネンゴろ→懇切

33 クツガエす→転覆
35 コう→請求
37 シズめる→鎮静
38 シイタげる→虐待

漢字力がつく

同訓異字は同音異義語に比べると数は少ない。使い分けを調べて完全にマスターしておこう。

14 書き取り（故事成語・ことわざ）

——もとの意味から離れた特別の意味を表す

よく出る

合格 (50〜40)
もう一歩 (39〜26)
がんばれ (25〜)

得点

● 次の——線のカタカナを漢字に直せ。

□ 1 衣食足りて**レイセツ**を知る。（　　）
□ 2 ありの穴から堤も**クズ**れる。（　　）
□ 3 心頭滅却すれば火もまた**スズ**し。（　　）
□ 4 座右の**メイ**。（　　）
□ 5 三つ子の**タマシイ**百まで。（　　）
□ 6 **カッ**しても盗泉の水を飲まず。（　　）
□ 7 身を捨ててこそ浮かぶ**セ**もあれ。（　　）
□ 8 泣き**ツラ**にはち。（　　）
□ 9 **ホンゴシ**を据えて取り組む。（　　）
□ 10 少年**オ**いやすく学成り難し。（　　）
□ 11 医は**ジンジュツ**なり。（　　）
□ 12 **ハ**きだめに鶴。（　　）
□ 13 **ダンチョウ**の思いで決別する。（　　）

□ 14 **バキャク**をあらわす。（　　）
□ 15 勝ってかぶとの**オ**を締めよ。（　　）
□ 16 **ニク**まれっ子、世にはばかる。（　　）
□ 17 **コウイン**矢のごとし。（　　）
□ 18 **ビンボウ**暇なし。（　　）
□ 19 天高く馬**コ**ゆる秋。（　　）
□ 20 **ヤナギ**に雪折れなし。（　　）
□ 21 **リョウユウ**並び立たず。（　　）
□ 22 虎の**イ**を借るきつね。（　　）
□ 23 **セッパ**詰まった状態だ。（　　）
□ 24 **タイコ**判を押す。（　　）
□ 25 **ケイセツ**の功。（　　）
□ 26 旅は**ウ**いものつらいもの。（　　）

□ 27 立つ鳥跡をニゴさず。（　　）
□ 28 ネングの納め時。（　　）
□ 29 反旗をヒルガエす。（　　）
□ 30 聞いて極楽見てジゴク。（　　）
□ 31 笑うカドには福来る。（　　）
□ 32 のれんにウデ押し。（　　）
□ 33 好事マ多し。（　　）
□ 34 ニても焼いても食えない。（　　）
□ 35 柔よくゴウを制す。（　　）
□ 36 ツルを放たれた矢。（　　）
□ 37 豚にシンジュ。（　　）
□ 38 法廷でコクビャクを争う。（　　）
□ 39 角をタめて牛を殺す。（　　）
□ 40 アクセン身に付かず。（　　）

□ 41 かにはコウラに似せて穴を掘る。（　　）
□ 42 宝の持ちグサれ。（　　）
□ 43 けがのコウミョウ。（　　）
□ 44 雄弁は銀、チンモクは金。（　　）
□ 45 袖振り合うも多生のエン。（　　）
□ 46 寄らばタイジュのかげ。（　　）
□ 47 フクスイ盆に返らず。（　　）
□ 48 禍福はあざなえるナワのごとし。（　　）
□ 49 得手にホを揚げる。（　　）
□ 50 看板にイツワりなし。（　　）

ワンポイント

●慣用句
二つ以上の語から構成され、句全体の意味が個々の語の元来の意味から離れて、ある固定した意味を表す。

●ことわざ
古くから言いならわされてきた教訓や風刺がふくまれ、生活の知恵にもなっている言葉である。

漢字力がつく
故事成語には漢文でなじみ深い言葉が出題されている。中国の古典に親しむことは、漢字の勉強に有効である。また四字熟語の学習にも役立つ。

15 書き取り（誤字訂正）①

——同音・同訓の漢字に気をつけよう

合　格
(27～22)
もう一歩
(21～14)
がんばれ
(13～　)

得点

● 次の各文にまちがって使われている同じ読みの漢字が一字ある。上に誤字を、下に正しい漢字を記せ。

□ 1 原油価格の高騰で、産油国の漁民が魚を運搬する燃料費を払えず排業するという皮肉な事態が起きている。（　）（　）

□ 2 近年、巨大なクラゲが頻繁に大発生し、魚網をふさいで漁獲量を減らすなど危悪すべき被害をもたらしている。（　）（　）

□ 3 近郊の史跡巡りに、交通渋待を引き起こす自動車より手軽で小回りのきく自転車を選ぶ人が増えてきた。（　）（　）

□ 4 地震による大津波で甚大かつ成惨な被害に遭った島は、ボランティアの活躍によって復興が進んだ。（　）（　）

□ 5 介護福祉士の資格を取得するために必要な吏修科目を登録する際、間違いがないように慎重に書き込んだ。（　）（　）

□ 6 植物原料から抽出される新燃料は低廉で枯括の恐れもないが、その無秩序な増産は環境破壊を懸念させる。（　）（　）

□ 7 膨大な資料や文件を渉猟、収集して研究を重ね、その成果を大部の論文にまとめた。（　）（　）

□ 8 懇請して迎えた新会長の就任披露パーティーが遺労なく執り行われるように幹事一同は隅々まで気を配った。（　）（　）

□ 9 国連は自発的に加盟した国家で講成され、国際間の緊張をやわらげ戦争を未然に防ぐことを目的の一つとする。（　）（　）

□ 10 東アジアの寺院の極彩色壁画の劣化が甚だしく、薬剤を充添し修復するため国際合同研究班が編成された。（　）（　）

□ 11 野生のサルが出没して多くの被害が出ている地域で、任耐の限度を超えたとして住民が対策を立て始めた。（　）（　）

□ 12 地方自治体の再編で各地に新市が誕生したため、合併する前と後の地名を乗せた地図が出版された。（　）（　）

□ 13 高齢運転者に認知能力の簡易検査を義務づける当該官庁の方針を受け、実施の具体策が有識者に試問された。（　）（　）

□ 14 バブル経済の泡壊後は高校生の就職難が深刻化したが景気の回復で光が見え始めた。（　）（　）

□ 15 東南アジアの人たちの健康に更献したいと、大学病院の医師らが国家の枠をこえた医療連携をすすめている。（　）（　）

□ 16 多くの病床を有し地域医療の中殻をなす病院が、恒常化する赤字経営や医師不足で倒産の危機に陥っている。（　）（　）

□ 17 現代人の慢性的な歩行不足およびカロリーの取り過ぎは、生活習慣病や老化現象を優発する原因といわれる。（　）（　）

□ 18 携帯電話で遠隔操作できる防犯用の監視ロボットは、最新の音声認識装置と高性能カメラを到載している。（　）（　）

□ 19 団塊の世代の意識調査によれば、女性は健実な考え方をし、男性は新しいものを好む傾向が顕著だという。（　）（　）

□ 20 野球大会の決勝は、序盤からホームランの応襲で見ごたえのある展開となり、試合終了まで観衆を魅了した。（　）（　）

□ 21 子供に読書を賞励する運動の一環として、市は図書館を充実させ学校に専任司書を置くことを検討している。（　）（　）

□ 22 国宝に指定された寺院の楼門を落書きで傷つけた犯人を、文化財保護法違反と器物損塊の疑いで捜査中だ。（　）（　）

□ 23 以前は労使間の交渉がまとまらず、よくストに突入したが、昨今は双方が折れ合って打結することが多い。（　）（　）

□ 24 循環が悪くてヘドロが蓄積している寺院の堀の水を醸化するため、培養した微生物の投入が試みられた。（　）（　）

□ 25 特定の栄養成分が凝縮された錠剤やカプセルの過上な摂取は、健康を損なう危険性があると指摘されている。（　）（　）

□ 26 世界最先端のコンピューターの予測では、半世紀後の日本の夏は克暑に拍車が掛かり、豪雨も増えるらしい。（　）（　）

□ 27 出版社の宣伝によれば、今秋刊行予定の世界文学全集は時代と国境をこえた不旧の名作を網羅するという。（　）（　）

ワンポイント
誤字は、**音・訓のいずれか**に潜ませてある。音が同じで意味の異なる語を、同音異義語という。書き誤りやすいので、意味を考えて書くことが必要である。

漢字力がつく
同音・同訓の漢字、似形文字、意味のよく似た漢字には特に注意が必要である。一つひとつ注意深く読んで誤字を見落とさないようにしよう。

16 書き取り（誤字訂正）②

——似形文字や同音・同訓の漢字に気をつけよう

合格	もう一歩	がんばれ
(27〜22)	(21〜14)	(13〜)

得点

● 次の各文にまちがって使われている同じ読みの漢字が一字ある。上に誤字を、下に正しい漢字を記せ。

□ 1 アスベスト被害の実態を覇握するため、石綿工場周辺に居住権を持つ住民の発症状況などを調査した。（　）（　）

□ 2 人間はビタミンを自分の体内で生成できないため、新織な野菜や果物、肉、魚などを食べる必要がある。（　）（　）

□ 3 厳しい寒さを辛抱強く耐え抜き、暖かい陽光を浴びて、沸き出る泉のほとりに芽吹く植物に、生命の神秘を感じる。（　）（　）

□ 4 年々巧妙化する密輪を水際で措止するため、専門職員は麻薬探知犬に繰り返し入念な訓練を施している。（　）（　）

□ 5 子育て支援を遂進するため、育児休業や短時間勤務などの制度を早急に整備することが企業に求められる。（　）（　）

□ 6 車道のアスファルトは雨水がしみ込まず、豪雨の時に洪水の一因になるため、透水性補装に替える試みがある。（　）（　）

□ 7 離島での医師不足の状況を簡和するために、医療支援機構の計画案がまとめられた。（　）（　）

□ 8 戦国武士が残した珍しい自叙伝には、厳格な教育を受けた後、民衆と砲起した経緯が克明に記されている。（　）（　）

□ 9 歌劇の殿堂として名高い劇場が、設備の補修と音響効果の改善を目的とした工事のため一時閉査される。（　）（　）

□ 10 屋外で遺伝子組み換え作物を実験栽媒する際は、花粉の飛散を防ぐなどの対策を徹底しなければならない。（　）（　）

□ 11 温厚篤実な紳士で教養の深さと謙虚な性格は申し分ないが、遺憾ながら初志を貫く根気が欠徐している。（　）（　）

□ 12 気象台は激しい雨が長時間降るおそれがある地域に河川の増水や土砂災害に対する警解を呼びかけた。（　）（　）

□ 13 足に合わない靴を長期間掃き続けると、様々な障害が起こり、健康が損なわれる危険がある。（　）（　）

□ 14 自転車で走行中、急に方向転換したため転倒し、両腕に擦過症を負ってしまった。（　）（　）

□ 15 先進国では出生率が減少傾向にあるが、社会保障制度が整備・充実した北欧では出生率が延びてきている。（　）（　）

□ 16 市街地では最近、工場跡地の土状に含まれていた有害物質による汚染の事例が目立ち始めている。（　）（　）

□ 17 美しい歯並びは、健康の維持に大切であるという認識が深まり、歯列強正を望む人が増えている。（　）（　）

□ 18 政府は首相の職務執行不能時の禁迫した事態に備え、臨時代理の就任順位を決めることにした。（　）（　）

□ 19 不本意な異動を命じられて辞表を提出したが、周囲に強く慰留され迭回するかどうかの決断を迫られている。（　）（　）

□ 20 改革の波が産業界に浸透するにつれ、大企業の傘下に入って組織の存続を測る会社が増えてきた。（　）（　）

□ 21 肥満度や血糖値が高めで生活習慣病の予備軍と審断された人たちが、運動や食事の指導を受けた。（　）（　）

□ 22 喫茶の習慣と普及の、文献資料に基づく中国起源説を展開し、茶の宣じ方や飲み方の変遷をたどる。（　）（　）

□ 23 食糧輸入では、長い輸送の間も鮮度を保ち、怖敗を防ぐための農薬使用が問題になっている。（　）（　）

□ 24 皇帝ペンギンは南極大陸の冷下四十度という極寒の雪原で、長期に及ぶ絶食状態を経てひなをかえす。（　）（　）

□ 25 地層の土や岩石を削って見微鏡で調べると、何万年も昔の花粉がそのまま姿を現してくる。（　）（　）

□ 26 化石燃料を使用する火力発電を減らして風力発電を増やせば、確実に二酸化炭素の廃出をおさえられる。（　）（　）

□ 27 海岸に面した丘陵の上の旅館は、展望浴場から雄大な眺めを満詰できると評判を呼んでいる。（　）（　）

ワンポイント
誤字訂正の例文は、他の領域の例文に比べ字数が多い。これは、誤字を見つけにくくするためである。**漢字一字一字を慎重におさえながら**誤字を見つけ出すようにしよう。

漢字力がつく 元の漢字を知っていなければ誤字は発見できない。**語彙**を豊かにし、書く力をつけておこう。

17 書き取り（同音・同訓異字）①

―同音類字に気をつけよう

合格	もう一歩	がんばれ
(50〜40)	(39〜26)	(25〜)

得点

● 次の――線のカタカナを漢字に直せ。

1 美術館で名画をカンショウ*する。
2 他人の事にはカンショウしない。

3 フンキュウ墓から珍しい土器が出た。
4 会議は冒頭からフンキュウした。

5 カクシンを突いた質問をする。
6 保守とカクシンの対決となった。

7 外部とのショウガイを担当する。
8 ショウガイを排除して乗り切る。

9 国民の期待をソウケンに担う。
10 米寿を過ぎてますますソウケンだ。

11 年齢をサショウしていた。
12 海外渡航のためサショウを取得する。

13 センパクな思想だと一笑に付された。
14 大型のセンパクが停泊している。

15 言葉の乱れにケイショウを鳴らす。
16 伝統芸術のケイショウ者を育てる。

17 年号のいわれをコウショウする。
18 担当者とコウショウする。

19 地域産業のシンコウを図る。
20 会議のシンコウ係を受け持つ。

21 車両の通行をキセイする。
22 キセイ概念を打破する。

23 河川やコショウの水質を検査する。
24 国名を正式なコショウで読み上げる。

25 戦争のサンカに見舞われる。
26 大企業のサンカから独立する。

27 病院でジョウザイを処方された。
28 被害者支援のジョウザイを募る。

29 反対派を巧みにカイジュウする。
30 恐竜を模したカイジュウの映画だ。

31 自分の生涯をカイコ*する。
32 カイコ*の情に浸る。

33 健康を保つことがカンヨウだ。
34 祖父はカンヨウな人物だ。

35 世界の状勢をガイカンする。
36 内憂ガイカンこもごも至る。

37 豪速球にはキョウイを感じる。
38 キョウイ*的な記録を樹立した。

39 キョウコウな態度で反論する。
40 経済キョウコウの心配がある。

41 センサイな感受性を持っている。
42 祖父の生家はセンサイで焼失した。

43 栄養を十分にセッシュする。
44 他人の物をセッシュするな。

45 法務局で物件のトウキをする。
46 危険物の不法トウキを監視する。

47 将来はホウソウ界に就職したい。
48 ホウソウ用紙を再利用する。

49 ルイシン課税で税金が増えた。
50 ルイシンがアウトを宣告する。

ワンポイント

1 鑑賞＝芸術作品の場合は鑑賞と書く。他の場合は観賞。

31 回顧＝昔のことをいろいろと思い出し、考えること。「往時を回顧する」

32 懐古＝昔のことを懐かしく思い起こすこと。

38 驚異＝驚き不思議に思うこと。驚威はまちがい。

漢字力がつく

同音類字とは、音が同じでしかも字形がよく似ている文字である。文脈や文法的な構文を手がかりに判断して文字を選ぶこと。

18 書き取り（同音・同訓異字）②

——同訓の漢字を多く身につけよう

合格 (50〜40)
もう一歩 (39〜26)
がんばれ (25〜　)

得点

● 次の——線のカタカナを漢字に直せ。

1 走者を二塁にサす。
2 花びんに菊の花をサす。

3 洗濯物がよくカワく。
4 炎天下で喉がカワく。

5 ツツシんで申し出を受ける。
6 自らの行いをツツシむ。

7 家族のことを思いワズラう。
8 肝臓をワズラい入院する。

9 生い茂った雑草をカり取る。
10 就職先が決まらず焦燥にカられる。

11 川の中スで子どもが遊んでいる。
12 しょう油とスで味付けをした。

13 菌を原木にウえ込む。
14 ウえは最良の調味料なり。

15 入りエに小舟がつながっている。
16 エの長いひしゃくで水をくむ。

17 網の目がアラい。
18 風が激しく、波もアラい。

19 仲間と酒をクみ交わした。
20 腕をクんでじっと考え込む。

21 目をコらして地図を見る。
22 善を勧め悪をコらす。

23 若くして重要なポストをシめる。
24 気を引きシめて危険な仕事にあたる。

25 時間をサいて病人を見舞う。
26 布をサいて傷口を縛る。

27 冗談をマに受けてしまった。
28 事故をマの当たりにした。

29 お伺いするムネ、お伝えください。
30 ムネ三寸に納める。
31 書き初め用の筆とスミです。
32 なかなかスミに置けない人だ。
33 カの鳴くような声で話す。
34 花壇の菊のカにむせる。
35 包丁のハがこぼれた。
36 良くないうわさが口のハにのぼる。
37 怒りに声をフルわせる。
38 フルってご参加ください。
39 君主の死で国民はモに服する。
40 池のモの間を魚が泳ぎ回る。
41 伝統的な手法に新味をモる。
42 古い家で天井から雨がモる。

43 友人の死を心からイタむ。
44 バナナはイタむのが早い。
45 真っ赤にウれたリンゴだ。
46 近頃、ようやく名がウれてきた。
47 優雅なコトの音が聞こえる。
48 受付にコトづてを頼んで帰った。
49 上司に指示をコう。
50 母をコうる猫の鳴き声がする。

ワンポイント

●同音・同訓の漢字、熟語を並べて整理する。同音の漢字や熟語、同訓の漢字や単語をきちんと使い分けるには、個々の漢字の意味や個々の単語、熟語の意味を正確にとらえなければならない。そのためには、同音・同訓の漢字・熟語を並べて整理し、比較しながら覚えてゆくとよい。
●高校読みの訓は難しいので整理しておこう。

漢字力がつく 同訓の漢字には意味もよく似たものが多い。**文章に最もふさわしい漢字**を選んで書くこと。

19 四字熟語①

――二字熟語の結び付き方を知っておこう

合格	もう一歩	がんばれ
(48〜39)	(38〜25)	(24〜)

得点

❶ 次の（ ）内に入る適切な語を［ ］の中から選んで漢字に直して四字熟語を完成せよ。

1 意気（ ）
2 古今（ ）
3 粉骨（ ）
4 暗中（ ）
5 勧善（ ）
6 合従（ ）
7 （ ）潔白
8 （ ）錯誤
9 （ ）自若
10 （ ）同舟
11 （ ）破帽
12 （ ）休題

かんわ・ごえつ・さいしん・しこう
せいれん・たいぜん・ちょうあく
とうごう・へいい・むそう・もさく
れんこう

❷ 次の（ ）内に入る適切な語を［ ］の中から選んで漢字に直して四字熟語を完成せよ。

1 綱紀（ ）
2 執行（ ）
3 正真（ ）
4 二律（ ）
5 勢力（ ）
6 大言（ ）
7 （ ）止水
8 （ ）妥当
9 （ ）徹底
10 （ ）冬扇
11 （ ）同居
12 （ ）万象

かろ・しゅうち・しゅくせい
しょうめい・しんら・そうご
はくちゅう・ふへん・はいはん
めいきょう・ゆうよ・るいせい

❸ 次の（　）内に入る適切な語を□の中から選んで漢字に直して四字熟語を完成せよ。

□ 1 当意（　　）
□ 2 内憂（　　）
□ 3 佳人（　　）
□ 4 初志（　　）
□ 5 起死（　　）
□ 6 和洋（　　）

□ 7 （　　）不覚
□ 8 （　　）烈日
□ 9 （　　）転変
□ 10 （　　）異曲
□ 11 （　　）遺伝
□ 12 （　　）浦浦

うい・がいかん・かいせい・かくせい
かんてつ・しゅうそう・せっちゅう
ぜんご・そくみょう・つつ・どうこう
はくめい

❹ 次の（　）内に入る適切な語を□の中から選んで漢字に直して四字熟語を完成せよ。

□ 1 刻苦（　　）
□ 2 一陽（　　）
□ 3 雲散（　　）
□ 4 永代（　　）
□ 5 群雄（　　）
□ 6 詩歌（　　）

□ 7 （　　）雨読
□ 8 （　　）玉条
□ 9 （　　）顕正
□ 10 （　　）孤独
□ 11 （　　）明快
□ 12 （　　）自在

かっきょ・かんきゅう・かんげん
きんか・くよう・せいこう・たんじゅん
てんがい・はじゃ・べんれい・むしょう
らいふく

漢字力がつく　四字熟語は**二字熟語が結び付いた型**のものが多い。どのような結び付き方になっているかをとらえよう。

20 四字熟語②

――熟語全体の意味を正しく理解しよう

合　格	(40〜32)
もう一歩	(31〜21)
がんばれ	(20〜　)

得点

❶ 次の（　）内に入る適切な語を□の中から選んで漢字に直して四字熟語を完成せよ。また、その四字熟語の意味を後の意味群から選び、〔　〕の中に記号で記せ。

□ 1 美辞（　　）（　　）〔　〕
□ 2 （　　）邪説〔　〕
□ 3 （　　）一紅〔　〕
□ 4 会者（　　）（　　）〔　〕
□ 5 （　　）不抜〔　〕

いたん・けんにん・じょうり・ばんりょく・れいく

〈意味〉
ア　多くのものの中に、めだって優れたものが存在すること。
イ　知りあったものは必ず別れる運命にあるということ。
ウ　うわべだけを飾り立てた内容のないこと。
エ　我慢強く耐えて心がぐらつかないこと。
オ　正統からはずれている思想・信仰・学説。

❷ 次の（　）内に入る適切な語を□の中から選んで漢字に直して四字熟語を完成せよ。また、その四字熟語の意味を後の意味群から選び、〔　〕の中に記号で記せ。

□ 1 興味（　　）（　　）〔　〕
□ 2 （　　）万紅〔　〕
□ 3 中途（　　）（　　）〔　〕
□ 4 （　　）夜行〔　〕
□ 5 （　　）不滅〔　〕

しんしん・せんし・はんぱ・ひゃっき・れいこん

〈意味〉
ア　多くの悪人がのさばり、はびこること。
イ　色とりどりの花が咲き乱れているさま。
ウ　人間の精神は肉体の死後も存在しているという考え方。
エ　関心を強く持っているさま。
オ　徹底しないこと。

❸ 次の（　）内に入る適切な語を□の中から選んで漢字に直して四字熟語を完成せよ。また、その四字熟語の意味を後の意味群から選び、〔　〕の中に記号で記せ。

□ 1 昼夜（　　）〔　〕
□ 2（　　）独尊〔　〕
□ 3（　　）落日〔　〕
□ 4 深山（　　）〔　〕
□ 5 順風（　　）〔　〕

けんこう・こじょう・まんぱん・ゆいが・ゆうこく

〈意味〉
ア　勢いが衰えて心ぼそいたとえ。
イ　自分だけが優れているとうぬぼれること。
ウ　物事がすべてうまく進んでいるさま。
エ　人里遠く離れた静かな自然のこと。
オ　休まず物事をし続けること。

❹ 次の（　）内に入る適切な語を□の中から選んで漢字に直して四字熟語を完成せよ。また、その四字熟語の意味を後の意味群から選び、〔　〕の中に記号で記せ。

□ 1 合従（　　）〔　〕
□ 2（　　）無恥〔　〕
□ 3 遠慮（　　）〔　〕
□ 4（　　）壮大〔　〕
□ 5（　　）堅固〔　〕

えしゃく・きう・こうがん・しそう・れんこう

〈意味〉
ア　心構えや発想が大きく立派なこと。
イ　相手の気持ちを思いやること。
ウ　ずうずうしい態度。
エ　その時の損得に応じて結び付いたり離れたりすること。
オ　主義や信条を守って変えないこと。

漢字力がつく
四字熟語のうち、**故事成語**は深い意味と人生に対する教訓をもっている。その意味や内容をよく理解することが大切である。

21 四字熟語 ③

——表現に使用できるまでに理解を深めよう

合格（40〜32）
もう一歩（31〜21）
がんばれ（20〜　）
得点

❶ 次の（　）内に入る適切な語を□の中から選んで漢字に直して四字熟語を完成せよ。また、その四字熟語の意味を後の意味群から選び、〔　〕の中に記号で記せ。

□ 1 泰山（　　）（　　）〔　　〕
□ 2（　　）迅雷〔　　〕
□ 3 安寧（　　）〔　　〕
□ 4（　　）連理〔　　〕
□ 5 高論（　　）〔　　〕

しっぷう・たくせつ・ちつじょ・ひよく・ほくと

〈意味〉
ア　男女の情愛が深く、仲むつまじいことのたとえ。
イ　行動がすばやく激しいこと。
ウ　学問や芸術などある分野の権威者。
エ　他より抜きん出て優れた意見。
オ　世の中が平穏で整った状態にあること。

❷ 次の（　）内に入る適切な語を□の中から選んで漢字に直して四字熟語を完成せよ。また、その四字熟語の意味を後の意味群から選び、〔　〕の中に記号で記せ。

□ 1（　　）夢死〔　　〕
□ 2 四分（　　）〔　　〕
□ 3（　　）千万〔　　〕
□ 4（　　）自大〔　　〕
□ 5 医食（　　）〔　　〕

いかん・ごれつ・すいせい・どうげん・やろう

〈意味〉
ア　病気を予防する最良の策。
イ　なすところもなく一生を終えること。
ウ　ばらばらになること。
エ　自分の力量を知らずに尊大に構えること。
オ　非常に残念なこと。

❸ 次の（　）内に入る適切な語を□の中から選んで漢字に直して四字熟語を完成せよ。また、その四字熟語の意味を後の意味群から選び、〔　〕の中に記号で記せ。

□ 1 （　　）保身　〔　　〕

□ 2 円転（　　）　〔　　〕

□ 3 （　　）自在　〔　　〕

□ 4 進取（　　）　〔　　〕

□ 5 妙計（　　）　〔　　〕

かかん・かつだつ・きさく・へんげん・めいてつ

〈意味〉

ア 思いのままに現れたり消えたりすること。

イ 物事をそつなくとりしきること。

ウ 物事に積極的にとりくみ、決断力に富んでいること。

エ 人の思いつかないような優れたはかりごと。

オ 賢く世に処して自分の地位を守ること。

❹ 次の（　）内に入る適切な語を□の中から選んで漢字に直して四字熟語を完成せよ。また、その四字熟語の意味を後の意味群から選び、〔　〕の中に記号で記せ。

□ 1 自暴（　　）　〔　　〕

□ 2 （　　）無二　〔　　〕

□ 3 鼓腹（　　）　〔　　〕

□ 4 龍頭（　　）　〔　　〕

□ 5 （　　）飛語　〔　　〕

げきじょう・じき・しゃに・だび・りゅうげん

〈意味〉

ア 他のことを考えずに強引に物事を進めること。

イ 理想的な政治がゆきとどき、人々が平和な生活をすること。

ウ 初めは盛んだがあとの方は振るわないこと。

エ やぶれかぶれ。

オ 確かな根拠のない、いいかげんなうわさ。

漢字力がつく

四字熟語には次のような型がある。①一石二鳥（数字が使われている）　②自由自在（上下の二字が似た意味）　③弱肉強食（上下の二字が反対の意味）　④老若男女（上下の二字がそれぞれ反対語）　⑤本末（主）転倒（述）　⑥不言（修飾）実行（被修飾）

22 熟語構成①

——漢字一字一字の意味を確実にとらえよう

合格（64〜52）
もう一歩（51〜33）
がんばれ（32〜 ）
得点

● 熟語の構成のしかたには、次のようなものがある。

ア　同じような意味の漢字を重ねたもの　（例…通過）
イ　反対または対応の意味を表す字を重ねたもの　（例…左右）
ウ　上の字が下の字を修飾しているもの　（例…親友）
エ　下の字が上の字の目的語・補語になっているもの　（例…開会）
オ　上の字が下の字の意味を打ち消しているもの　（例…非常）

次の熟語は、ア〜オのどれにあたるか。（　）の中に記号で記せ。

□ 1 慶弔（　）
□ 2 漸進（　）
□ 3 駐屯*（　）
□ 4 不潔（　）
□ 5 遷都（　）
□ 6 迅速（　）
□ 7 禍福（　）
□ 8 酪農（　）
□ 9 美醜（　）
□ 10 殉職（　）
□ 11 不惑（　）
□ 12 廉価（　）
□ 13 陥没（　）
□ 14 沖天*（　）
□ 15 多寡（　）
□ 16 不朽（　）
□ 17 頻発（　）
□ 18 租税（　）
□ 19 哀愁（　）
□ 20 首尾（　）
□ 21 浄財（　）
□ 22 未遂（　）
□ 23 滅亡（　）
□ 24 造幣（　）
□ 25 急逝（　）
□ 26 皮膚（　）
□ 27 罷業（　）
□ 28 往還（　）
□ 29 赴任（　）
□ 30 酷似（　）

□ 31 未聞（　　）

□ 32 施錠（　　）

□ 33 真偽（　　）

□ 34 暫定（　　）

□ 35 沼沢*（　　）

□ 36 不屈（　　）

□ 37 急病（　　）

□ 38 疎密（　　）

□ 39 把握（　　）

□ 40 庶民（　　）

□ 41 公僕（　　）

□ 42 遭難（　　）

□ 43 未納（　　）

□ 44 謙譲（　　）

□ 45 抑揚（　　）

□ 46 奔馬（　　）

□ 47 雲泥（　　）

□ 48 享受（　　）

□ 49 睡眠（　　）

□ 50 懐郷（　　）

□ 51 懸命（　　）

□ 52 醜態（　　）

□ 53 喪失（　　）

□ 54 経緯*（　　）

□ 55 未到（　　）

□ 56 災厄（　　）

□ 57 争覇（　　）

□ 58 方円*（　　）

□ 59 参禅（　　）

□ 60 徐行（　　）

□ 61 納涼（　　）

□ 62 緒論（　　）

□ 63 安寧（　　）

□ 64 奉職（　　）

ワンポイント

3 駐屯＝軍隊がある場所に陣地をかまえて、長くとどまること。

14 沖天＝空高く舞い揚がること。主に「沖天の意気」などと用いる。

35 沼沢＝「沼」はぬま。「沢」は草の生えている湿地。

54 経緯＝たて糸とよこ糸。地球の経線・緯線。いきさつ。

58 方円＝「方」は四角。円はまる。つまり四角とまる。

漢字力がつく

二字熟語の組み立て方はおよそ十通りある。整理して知っておくと、意味を推測する際にも大いに役立つ。

（二級では、その中で五通りの熟語が出題される）

23 熟語構成 ②

――構成例にあるウ・エの熟語は特に注意しよう

● 熟語の構成のしかたには、次のようなものがある。

ア 同じような意味の漢字を重ねたもの （例…通過）
イ 反対または対応の意味を表す字を重ねたもの （例…左右）
ウ 上の字が下の字を修飾しているもの （例…親友）
エ 下の字が上の字の目的語・補語になっているもの （例…開会）
オ 上の字が下の字の意味を打ち消しているもの （例…非常）

次の熟語は、ア～オのどれにあたるか。（ ）の中に記号で記せ。

1 卓見*（ ）
2 距離（ ）
3 未踏（ ）
4 雅俗（ ）
5 遺児（ ）
6 懐古（ ）
7 座礁（ ）
8 婚姻（ ）
9 愛憎（ ）
10 甚大（ ）
11 直轄（ ）
12 点滅（ ）
13 懇請（ ）
14 栄辱*（ ）
15 不惑（ ）
16 享楽（ ）
17 贈賄（ ）
18 均衡（ ）
19 乗除（ ）
20 祈念（ ）
21 遺漏（ ）
22 矯風*（ ）
23 国賓（ ）
24 独酌（ ）
25 無双（ ）
26 徹宵（ ）
27 伸縮（ ）
28 丘陵（ ）
29 必携（ ）
30 傍聴（ ）

合格	もう一歩	がんばれ
(64～52)	(51～33)	(32～)

得点

□ 31 是非（　　）
□ 32 苦衷（　　）
□ 33 閑暇（　　）
□ 34 耐震（　　）
□ 35 国璽（　　）
□ 36 起伏（　　）
□ 37 唯一（　　）
□ 38 陳述（　　）
□ 39 虚実（　　）
□ 40 忘我（　　）
□ 41 不慮（　　）

□ 42 網羅（　　）
□ 43 硬軟（　　）
□ 44 凡庸（　　）
□ 45 押韻（　　）
□ 46 好漢（　　）
□ 47 未詳（　　）
□ 48 添削（　　）
□ 49 奔流（　　）
□ 50 頻繁（　　）
□ 51 抽象（　　）
□ 52 弊履*（　　）

□ 53 空虚（　　）
□ 54 諾否（　　）
□ 55 不粋（　　）
□ 56 不肖（　　）
□ 57 挑戦（　　）
□ 58 分析（　　）

□ 59 妙齢（　　）
□ 60 質疑（　　）
□ 61 諭旨（　　）
□ 62 早晩（　　）
□ 63 河畔（　　）
□ 64 叙景（　　）

ワンポイント

1 卓見＝「卓」は「すぐれる」、「見」は「見識」の意味。

14 栄辱＝「栄」は「ほまれ」とか「名誉」の意味。「辱」は「はずかしめ」の意味。

22 矯風＝「矯」は、「ためる・直す」の意味。「風」は「習わし・風俗」のこと。つまり、悪い習わしを改めること。

52 弊履＝はき古したはきもの。

漢字力がつく

「熟語の構成のしかた」で、オの「上の字が下の字の意味を打ち消している」二字熟語は、「未・不・無・非・否」など否定の語が限定されているので、比較的解きやすい。

24 熟語構成③

——熟語の構成のしかたを正しく理解しよう

合格	(64〜52)
もう一歩	(51〜33)
がんばれ	(32〜　)

得点

●熟語の構成のしかたには、次のようなものがある。

ア　同じような意味の漢字を重ねたもの（例…通過）
イ　反対または対応の意味を表す字を重ねたもの（例…左右）
ウ　上の字が下の字を修飾しているもの（例…親友）
エ　下の字が上の字の目的語・補語になっているもの（例…開会）
オ　上の字が下の字の意味を打ち消しているもの（例…非常）

次の熟語は、ア〜オのどれにあたるか。（　）の中に記号で記せ。

□ 1 剛柔（　）
□ 2 未了（　）
□ 3 惰眠（　）
□ 4 掃海（　）
□ 5 裕福（　）
□ 6 頑健（　）
□ 7 不偏（　）
□ 8 授受（　）
□ 9 崇仏（　）
□ 10 彼我（　）
□ 11 露顕（　）
□ 12 廃屋（　）
□ 13 不浄（　）
□ 14 飢餓（　）
□ 15 泰平（　）
□ 16 哀楽（　）
□ 17 逸品（　）
□ 18 実施（　）
□ 19 去就（　）
□ 20 不穏（　）
□ 21 拙劣（　）
□ 22 繊毛（　）
□ 23 尽力（　）
□ 24 興廃（　）
□ 25 遍在（　）
□ 26 衆寡（　）
□ 27 擬似（　）
□ 28 防疫（　）
□ 29 甘酸（　）
□ 30 愉悦（　）

31 示威（　　）
32 不審（　　）
33 勧奨（　　）
34 未遂（　　）
35 放逐（　　）
36 妄想（　　）
37 遮音（　　）
38 消長（　　）
39 折衷（　　）
40 留任（　　）
41 墜落（　　）

42 虐待（　　）
43 珠玉（　　）
44 粗密（　　）
45 不遇（　　）
46 路傍（　　）
47 施肥（　　）
48 模擬（　　）
49 無為（　　）
50 振鈴（　　）
51 向背（　　）
52 打撲（　　）

53 不慮（　　）
54 叙勲（　　）
55 筆禍（　　）
56 英俊（　　）
57 無尽（　　）
58 犠牲（　　）

59 土壌（　　）
60 凹凸（　　）
61 媒介（　　）
62 任免（　　）
63 抜粋（　　）
64 顕在（　　）

ワンポイント

二字熟語を上下の漢字のつながり方から大別すると、設問のア〜オ以外に次のようなものがある。
①主語と述語の関係にあるもの（国立・地震・日没・形成・雷鳴）
②上に所・被がつくもの（所感・所心・所用・被害・被爆・被災）
③接頭語がついているもの（御飯・貴社・貴国・拙宅・拙僧）
④接尾語がついているもの（慢性・習性・平然・偶然・美化・開化・詩的・病的）
⑤三字以上の熟語を略したもの（国際連合→国連　重要文化財→重文）

漢字力がつく

エの「下の字が上の字の目的語・補語」は、上の字が動詞、下の字が名詞であるパターンがほとんどである。「を」「に」という助詞を加えてみると解きやすい。

25 対義語・類義語①

——対義語・類義語はセットで覚えよう

合格	(40〜32)
もう一歩	(31〜21)
がんばれ	(20〜)

得点

❶ 下の□の中の語を必ず一度使って漢字に直し、対義語・類義語を記せ。

対義語

□ 1 勤勉—（　　）
□ 2 巧妙*—（　　）
□ 3 直進—（　　）
□ 4 栄達*—（　　）
□ 5 強硬—（　　）
□ 6 定住—（　　）
□ 7 多弁*—（　　）
□ 8 威圧—（　　）
□ 9 純白—（　　）
□ 10 簡潔—（　　）

類義語

□ 11 強情—（　　）
□ 12 抜粋*—（　　）
□ 13 暗示—（　　）
□ 14 回顧—（　　）
□ 15 架空*—（　　）
□ 16 解雇—（　　）
□ 17 交渉—（　　）
□ 18 公表—（　　）
□ 19 心配—（　　）
□ 20 思案—（　　）

かいじゅう・かもく・がんこ
きょこう・けねん・こうりょ
しさ・しっこく・じょうちょう
しょうろく・せっしょう・たいだ
だこう・ちせつ・ついおく・なんじゃく
ひめん・ひろう・るろう・れいらく

ワンポイント
対義語とは、二つの熟語の意味が互いに反対になる「**反対語**（**反意語**）」と、二つの熟語の意味が相対応して一対になる「**対応語**（**対照語**）」とを含めて呼ぶ言葉である。

❷ 下の□の中の語を必ず一度使って漢字に直し、対義語・類義語を記せ。

対義語

□ 1 佳作―(　　)
□ 2 快勝―(　　)
□ 3 簡易*―(　　)
□ 4 虚弱―(　　)
□ 5 凝固*―(　　)
□ 6 狭量―(　　)
□ 7 軽快―(　　)
□ 8 厳寒―(　　)
□ 9 高慢―(　　)
□ 10 削除―(　　)

類義語

□ 11 親友―(　　)
□ 12 納得―(　　)
□ 13 利発―(　　)
□ 14 推察―(　　)
□ 15 静穏*―(　　)
□ 16 歴然*―(　　)
□ 17 富貴―(　　)
□ 18 屋敷―(　　)
□ 19 是認―(　　)
□ 20 制約*―(　　)

あんたい・おくそく・かんよう
きょうそう・けんきょ・けんちょ
けんめい・こうてい・こくしょ
ざんぱい・そうちょう・そくばく
ださく・ちき・ていたく・てんか
はんざつ・ゆうかい・ゆうふく
りょうしょう

ワンポイント

❶ 2子供じみて下手な様子。
4落ちぶれること。
7言葉数が少ない様子。
12要点の抜き書き。
15フィクション。

❷ 3わずらわしい様子。
5溶けること。
15安全で危険のないこと。
16際立って目立つこと。
20自由を――する。

漢字力がつく

対義語・類義語は必ずしも**一つとは限らない。**選択肢に挙げた以外にも、各自で調べてみよう。

26 対義語・類義語②

——語の意味を正確にとらえよう

合格
(40〜32)
もう一歩
(31〜21)
がんばれ
(20〜)

得点

❶ 下の□の中の語を必ず一度使って漢字に直し、対義語・類義語を記せ。

対義語

□ 1 充実*—(　　)
□ 2 親近—(　　)
□ 3 悠長—(　　)
□ 4 低落*—(　　)
□ 5 不足—(　　)
□ 6 剛健—(　　)
□ 7 放任—(　　)
□ 8 理論—(　　)
□ 9 差別—(　　)
□ 10 汚濁—(　　)

類義語

□ 11 上品—(　　)
□ 12 適切—(　　)
□ 13 沿革*—(　　)
□ 14 物騒—(　　)
□ 15 漂泊—(　　)
□ 16 排斥—(　　)
□ 17 対価—(　　)
□ 18 起源—(　　)
□ 19 綿密—(　　)
□ 20 功名—(　　)

かじょう・かんしょう・くうきょ
こうしょう・こうとう・じっせん
しゅくん・しょうさい・せいきゅう
せいちょう・そえん・そがい・だとう
にゅうじゃく・はっしょう・びょうどう
ふおん・へんせん・ほうしゅう・るろう

ワンポイント

●対義語の型
①上の字が対応していて下の字が共通のもの（異常—正常）
②上の字が共通で下の字が対応しているもの（分母—分子）
③上下ともそれぞれ対応しているもの（縮小—拡大）
④上下とも対応しない異なる字のもの（戦争—平和）

❷ 下の□の中の語を必ず一度使って漢字に直し、対義語・類義語を記せ。

対義語

□ 1 小胆*—（　　）
□ 2 厳格—（　　）
□ 3 真実—（　　）
□ 4 質素—（　　）
□ 5 表彰—（　　）
□ 6 発奮—（　　）
□ 7 分析—（　　）
□ 8 禁欲—（　　）
□ 9 浪費—（　　）
□ 10 獲得—（　　）

類義語

□ 11 困窮—（　　）
□ 12 卓越—（　　）
□ 13 省略—（　　）
□ 14 傾倒—（　　）
□ 15 横領—（　　）
□ 16 世辞*—（　　）
□ 17 昼寝—（　　）
□ 18 妊娠—（　　）
□ 19 大衆—（　　）
□ 20 怠惰—（　　）

かつあい・かんよう・きょうらく・きょぎ
けんやく・ごうか・ごうふく・ごすい
さしゅ・しゅういつ・じゅたい・しょみん
しんさん・しんすい・そうごう・そうしつ
ちょうばつ・ついしょう・ぶしょう
らくたん

ワンポイント

❶ 1 実質がないこと。
4 物価などが急に上がること。
13 年月(時間)をかけて移り変わること。

❷ 1 腹がすわっていて、小事にこだわらない様子。
16 へつらうこと。同字で別の読みをすれば、別語になる。

漢字力がつく ここに取り上げた語は、**検定試験によく出題されたもの**に限定している。できるだけ多くの語を知り、書けるようにしておこう。

27 対義語・類義語③

——正確に書けるよう熟知しておこう

合格	(40〜32)
もう一歩	(31〜21)
がんばれ	(20〜)
得点	

❶ 下の□の中の語を必ず一度使って漢字に直し、対義語・類義語を記せ。

対義語

□ 1 栄華―(　　)
□ 2 自生―(　　)
□ 3 希薄―(　　)
□ 4 屈曲―(　　)
□ 5 賢明*―(　　)
□ 6 富裕―(　　)
□ 7 遵守―(　　)
□ 8 詳細―(　　)
□ 9 秩序―(　　)
□ 10 散文*―(　　)

類義語

□ 11 頑迷*―(　　)
□ 12 堅持*―(　　)
□ 13 核心―(　　)
□ 14 関与―(　　)
□ 15 物故―(　　)
□ 16 調和―(　　)
□ 17 疑惑―(　　)
□ 18 緩慢*―(　　)
□ 19 光陰―(　　)
□ 20 寄与―(　　)

あんぐ・いはん・いんぶん・かいにゅう
がいりゃく・きんこう・こうけん・こんらん
さいばい・しんちょう・すいぼう・せいそう
たかい・ちゅうすう・のうこう・ひんきゅう
ふしん・へんくつ・ぼくしゅ・ゆうちょう

ワンポイント

類義語は、二つの熟語の**意味が全く同じである同義語**と、二つの熟語の**意味が互いに似ている類義語**とを含めて呼ぶ語である。類義語には次のような型がある。

① 否定―否認　改良―改善
② 案外―意外　格別―特別
③ 説明―解説　盛衰―興亡
④ 他界―永眠　不意―突然

❷ 下の□の中の語を必ず一度使って漢字に直し、対義語・類義語を記せ。

対義語

□ 1 漢然*―（　　）
□ 2 繁忙―（　　）
□ 3 販売―（　　）
□ 4 軽微―（　　）
□ 5 特殊―（　　）
□ 6 粗略―（　　）
□ 7 釈放―（　　）
□ 8 崇拝*―（　　）
□ 9 断念―（　　）
□ 10 善良―（　　）

類義語

□ 11 熟知*―（　　）
□ 12 品性―（　　）
□ 13 興廃―（　　）
□ 14 鼓舞―（　　）
□ 15 計算―（　　）
□ 16 倫理―（　　）
□ 17 永遠―（　　）
□ 18 尽力―（　　）
□ 19 阻害―（　　）
□ 20 我慢―（　　）

かんさん・かんじょう・けいぶ・げきれい
こうち・こうばい・じゃあく・じゃま
しゅうちゃく・じんだい・せいすい
つうぎょう・ていねい・どうとく
にんたい・ふうかく・ふへん・ほんそう
ゆうきゅう・れきぜん

ワンポイント

❶
5＝利口
10 リズムをもった文章。
11 道理がわからないこと。
12 旧習を――する。
18 のんびりとした様子。

❷
1 ――たる事実。
8 人をばかにしてあなどること。
11 「熟」は「じゅうぶん」の意。広く知っていること。

漢字力がつく

対義語・類義語の問題も書き取りの問題と同じく**正確に書けなければ**点にはならない。

28 部首①

——紛らわしい部首を重点的に覚えよう

● 次の漢字の部首を（　）に記せ。

〈例〉 双（又）　吹（口）

1 且（　　）
2 升（　　）
3 畝（　　）
4 奈（　　）
5 刺（　　）
6 匂（　　）
7 嗣（　　）
8 摯（　　）
9 耗（　　）
10 弊（　　）

11 穴（　　）
12 亜（　　）
13 郭（　　）
14 呉（　　）
15 哲（　　）
16 翁（　　）
17 虞（　　）
18 泰（　　）
19 麻（　　）
20 剰（　　）

21 底（　　）
22 窯（　　）
23 瓶（　　）
24 威（　　）
25 尉（　　）
26 勅（　　）
27 虎（　　）
28 封（　　）
29 墨（　　）
30 両（　　）

31 空（　　）
32 賓（　　）
33 妄（　　）
34 歳（　　）
35 殉（　　）
36 喪（　　）
37 雇（　　）
38 益（　　）
39 甚（　　）
40 懇（　　）

合格	(78〜63)
もう一歩	(62〜40)
がんばれ	(39〜　)
得点	

□ 41 妥

□ 42 栽

□ 43 面

□ 44 緊

□ 45 虐

□ 46 昇

□ 47 罷

□ 48 享

□ 49 髄

□ 50 剛

□ 51 殻

□ 52 恭

□ 53 眉

□ 54 貢

□ 55 轄

□ 56 索

□ 57 師

□ 58 奨

□ 59 題

□ 60 互

□ 61 弔

□ 62 戴

□ 63 導

□ 64 頑

□ 65 姻

□ 66 扉

□ 67 煩

□ 68 患

□ 69 克

□ 70 翼

□ 71 朱

□ 72 競

□ 73 半

□ 74 警

□ 75 友

□ 76 常

□ 77 旦

□ 78 酎

ワンポイント

●まちがえやすい部首の例

蛍→虫（むし）　臭→自（みずから）　充→儿（ひとあし）

唇→口（くち）　衷→衣（ころも）　聖→耳（みみ）

扇→戸（とだれ）　賓→貝（こがい）　奔→大（だい）

摩→手（て）　磨→石（いし）　累→糸（いと）

漢字力がつく

部首は、その漢字の部首にあたる部分が**どの位置にあるか**によって、呼び名が変わる。

例〔時（ひへん）　春（ひ）〕

読み　書き取り　熟語　対義語・類義語　部首　送りがな　実戦模擬　資料

29 部首②

——字形からだけでは判断できない部首もある

合格	もう一歩	がんばれ
(78～63)	(62～40)	(39～)

得点

● 次の漢字の部首を（　）に記せ。

〈例〉 双（又）　吹（口）

1 衆（　　）
2 塁（　　）
3 貫（　　）
4 敢（　　）
5 赦（　　）
6 爵（　　）
7 褒（　　）
8 丙（　　）
9 蜜（　　）
10 章（　　）

11 靴（　　）
12 窃（　　）
13 斗（　　）
14 怨（　　）
15 準（　　）
16 缶（　　）
17 乏（　　）
18 巧（　　）
19 裏（　　）
20 亭（　　）

21 凹（　　）
22 頃（　　）
23 帝（　　）
24 超（　　）
25 窮（　　）
26 款（　　）
27 凸（　　）
28 冊（　　）
29 累（　　）
30 丹（　　）

31 尼（　　）
32 碁（　　）
33 衷（　　）
34 寧（　　）
35 宰（　　）
36 衡（　　）
37 誓（　　）
38 粧（　　）
39 禁（　　）
40 蓋（　　）

41 監（　）
42 剝（　）
43 辞（　）
44 唇（　）
45 夢（　）
46 戯（　）
47 典（　）
48 致（　）
49 堂（　）
50 包（　）
51 事（　）

52 了（　）
53 襟（　）
54 鎌（　）
55 痩（　）
56 暦（　）
57 離（　）
58 雄（　）
59 塗（　）
60 彫（　）
61 整（　）
62 徹（　）

63 畑（　）
64 列（　）
65 街（　）
66 牧（　）
67 墓（　）
68 盆（　）
69 憾（　）
70 欧（　）

71 契（　）
72 申（　）
73 飛（　）
74 卓（　）
75 須（　）
76 恋（　）
77 我（　）
78 沸（　）

ワンポイント

●その字自体が部首である例

方（ほう）　片（かた）　矢（や）　魚（うお）　骨（ほね）
斗（とます）　欠（あくび）　竹（たけ）　雨（あめ）　皿（さら）
玉（たま）　走（はしる）　行（ぎょう）　門（もん）　一（いち）
貝（かい）　矛（ほこ）　斉（せい）　麻（あさ）　黒（くろ）

漢字力がつく

字形から見ると同じ部首と思われるのに、**属する部首の異なるもの**がある。また、その字自体が部首であるものもある。

30 部首③

――二級配当漢字の部首を確実に覚えよう

● 次の漢字の部首を（　）に記せ。

〈例〉 双（又）　吹（口）

1 魔（　）
2 悠（　）
3 麗（　）
4 料（　）
5 至（　）
6 墜（　）
7 奪（　）
8 辱（　）
9 斉（　）
10 尋（　）

11 殊（　）
12 塑（　）
13 聖（　）
14 錦（　）
15 庸（　）
16 賄（　）
17 弾（　）
18 賠（　）
19 唯（　）
20 井（　）

21 俺（　）
22 宵（　）
23 労（　）
24 衝（　）
25 療（　）
26 朕（　）
27 帽（　）
28 鬱（　）
29 冗（　）
30 叔（　）

31 刃（　）
32 焦（　）
33 励（　）
34 惰（　）
35 酬（　）
36 免（　）
37 隷（　）
38 股（　）
39 楷（　）
40 頒（　）

合格	(78〜63)
もう一歩	(62〜40)
がんばれ	(39〜　)

得点

41 彰（　　）
42 羞（　　）
43 呈（　　）
44 嚇（　　）
45 慕（　　）
46 載（　　）
47 但（　　）
48 竜（　　）
49 慰（　　）
50 堕（　　）
51 翻（　　）

52 韻（　　）
53 五（　　）
54 豊（　　）
55 雰（　　）
56 磨（　　）
57 凝（　　）
58 再（　　）
59 囚（　　）
60 奥（　　）
61 弊（　　）
62 叙（　　）

63 毀（　　）
64 酢（　　）
65 劾（　　）
66 歴（　　）
67 傑（　　）
68 充（　　）
69 懲（　　）
70 案（　　）

71 嘱（　　）
72 帥（　　）
73 冶（　　）
74 司（　　）
75 秩（　　）
76 矯（　　）
77 蛮（　　）
78 羅（　　）

ワンポイント

●二つ以上の呼び名がある例

歹（かばねへん・いちたへん・がつへん）殊・残・殖
戈（ほこづくり・ほこがまえ）我
攵（のぶん・ぼくづくり）攻
殳（るまた・ほこづくり）殿
罒（あみがしら・あみめ・よこめ）罪・署
灬（れんが・れっか）煮・然
行（ぎょうがまえ・ゆきがまえ）衝・街
日（ひらび・いわく）曲・更

漢字力がつく

部首によって**二つ以上の呼び名をもつもの**がある。検定試験では呼び名は答えなくてもよいが、名前は知っておくほうがよい。

31 漢字と送りがな ①

——まず、送りがなの原則を確認しておこう

合格	もう一歩	がんばれ
(50〜40)	(39〜26)	(25〜　)

得点

● 次の——線のカタカナを漢字一字と送りがな(ひらがな)に直せ。

〈例〉 門をアケル。 (開ける)

□ 1 フランスのパリにアコガレル。（　　）
□ 2 彼女の美しさがウラヤマシイ。（　　）
□ 3 悪事は見事にアバカレた。（　　）
□ 4 長老を会長としてタテマツル。（　　）
□ 5 新しい仕事にタズサワル。（　　）
□ 6 子供をソソノカスことは罪だ。（　　）
□ 7 目をコラシて見つめる。（　　）
□ 8 足音をシノバセて歩く。（　　）
□ 9 荒波が岩にクダケ散る。（　　）
□ 10 小学校時代の友人をナツカシク思う。（　　）
□ 11 釣りざおをアヤツル。（　　）
□ 12 美しい都市がホロビル。（　　）
□ 13 山頂から海をナガメル。（　　）

□ 14 横から口をハサンで怒られる。（　　）
□ 15 手足のコゴエルような寒さが続く。（　　）
□ 16 笑顔が雰囲気をヤワラゲル。（　　）
□ 17 子供だと思ってアナドレない。（　　）
□ 18 ご注文をウケタマワリます。（　　）
□ 19 サワヤカナ風を受けて走る。（　　）
□ 20 ワズラワシイ付き合いは嫌だ。（　　）
□ 21 ツツシンで祝意を表する。（　　）
□ 22 年の瀬はアワタダシイ。（　　）
□ 23 ムサボルように読書にふけった。（　　）
□ 24 親の愛情にウエル。（　　）
□ 25 ご機嫌ウルワシクお暮らしですか。（　　）
□ 26 差しサワリがあれば断る。（　　）

□ 27 参考書を選んで**ススメル**。

□ 28 感謝する心を**ツチカウ**。

□ 29 会に**イロドリ**を添える。

□ 30 常勝チームの連覇を**ハバム**。

□ 31 **ニクラシイ**という顔でにらむ。

□ 32 犠牲者の霊を**ネンゴロ**に弔う。

□ 33 湖面が夕日に**ハエル**。

□ 34 **マギラワシイ**表現を避ける。

□ 35 危うく難を**マヌカレル**。

□ 36 土地の風習が**スタレ**てしまった。

□ 37 **ミニクイ**骨肉の争い。

□ 38 長い**ワズライ**から立ち直る。

□ 39 卒業式で友人との別れを**オシム**。

□ 40 終わりに**タダシ**書きを記す。

□ 41 同僚を窮地に**オトシイレ**てしまう。

□ 42 敵を背後から**オビヤカス**。

□ 43 問題が複雑に**カラン**できた。

□ 44 **カンバシイ**成績ではなかった。

□ 45 畑を荒らす動物を**コラシメル**。

□ 46 前例に**ナラウ**ばかりでは能がない。

□ 47 神へ**ミツギ**物をささげる。

□ 48 封建時代、農民は**シイタゲラレ**た。

□ 49 準備に長い時間を**ツイヤス**。

□ 50 機械を工場に**スエル**。

ワンポイント

●まちがえやすい語

脅《おびや》かす・懇《ねんご》ろ・潔《いさぎよ》い・陥《おとしい》れる
傍《かたわ》ら・唆《そそのか》す・蓄《たくわ》える・滞《とどこお》る
甚《はなは》だ・瞬《またた》く・免《まぬか》れる・患《わずら》う
欺《あざむ》く・憤《いきどお》り・恭《うやうや》しい・衰《おとろ》える

赴《おもむ》く・芳《かんば》しい・快《こころよ》い・虐《しいた》げる
耕《たがや》す・償《つぐな》う・弔《とむら》う・翻《ひるがえ》る
専《もっぱ》ら・装《よそお》う・忌《い》まわしい
押《お》さえる・交《か》わす・恥《は》ずかしい
明《あ》かり

漢字力がつく

語幹の音節の多い語（長い読みをもつ字）は送り過ぎになりやすいので注意が必要。逆に一音しかもたない字の場合もまちがえやすい。

32 漢字と送りがな ②

――送りがなを含めて正確に書こう

合格	もう一歩	がんばれ
(50〜40)	(39〜26)	(25〜　)

得点

● 次の――線のカタカナを漢字一字と送りがな(ひらがな)に直せ。

〈例〉 門を**アケル**。 (開ける)

□ 1 逃げたサルはこの辺りに**ヒソン**でいる。（　　）
□ 2 このお金は食費に**アテル**つもりだ。（　　）
□ 3 留学は**アキラメ**ないつもりだ。（　　）
□ 4 **イマワシイ**事件が続発する。（　　）
□ 5 隊列を**トトノエ**て行進する。（　　）
□ 6 人々の**イキドオリ**は頂点に達した。（　　）
□ 7 他人を**イヤシメル**言葉は慎もう。（　　）
□ 8 わが子のように**イツクシム**。（　　）
□ 9 柿の実が**ウレル**ころになった。（　　）
□ 10 人に**ウトマレル**ことはしたくない。（　　）
□ 11 グループを**スベル**心遣いをする。（　　）
□ 12 心に**シミル**思い出だ。（　　）
□ 13 幼い弟が機嫌を**ソコネル**。（　　）

□ 14 身の**ヤセル**思いをする。（　　）
□ 15 勤務の**カタワラ**作曲に励んだ。（　　）
□ 16 研究に命を**カケル**。（　　）
□ 17 元気よくあいさつを**カワス**。（　　）
□ 18 **カセグ**に追い付く貧乏なし。（　　）
□ 19 長めのズボンの裾が地面に**スレル**。（　　）
□ 20 琴を**カナデル**音が聞こえる。（　　）
□ 21 訓練を重ねて技を**ミガク**。（　　）
□ 22 公園のベンチで**イコウ**。（　　）
□ 23 彼は主観で決める**キライ**がある。（　　）
□ 24 **アヤマチ**を反省する。（　　）
□ 25 隣家とは生け垣で**ヘダテ**られている。（　　）
□ 26 **クサイ**物にふたをする。（　　）

□ 27 その場に泣き**クズレ**てしまった。（　　）

□ 28 **ウヤウヤシク**褒賞を受けた。（　　）

□ 29 その日をひたすら待ち**コガレ**た。（　　）

□ 30 裾野は**ユルヤカニ**傾斜している。（　　）

□ 31 破れ目を**フサグ**作業に追われる。（　　）

□ 32 カモメが波間を**タダヨウ**。（　　）

□ 33 汗が額から**シタタリ**落ちる。（　　）

□ 34 風鈴が**スズシイ**音を立てる。（　　）

□ 35 **ミジメ**な生活を続けたくない。（　　）

□ 36 大きな岩が行く手を**サエギル**。（　　）

□ 37 主賓からお言葉を**タマワリ**ます。（　　）

□ 38 動揺を隠して平静を**ヨソオウ**。（　　）

□ 39 隣から**アヤシイ**物音がする。（　　）

□ 40 **ナメラカナ**口調で話す。（　　）

□ 41 必勝を**チカッ**て試合に臨む。（　　）

□ 42 暴動を軍隊が**シズメル**。（　　）

□ 43 繭から生糸を**ツムグ**。（　　）

□ 44 ぬかみそに大根を**ツケル**。（　　）

□ 45 その場を巧みに言い**ツクロウ**。（　　）

□ 46 **トムライ**合戦に出陣する。（　　）

□ 47 互いに相手を**ノノシリ**合った。（　　）

□ 48 子犬が無心に**タワムレ**ている。（　　）

□ 49 敗北を**イサギヨク**認めた。（　　）

□ 50 自らを**ハズカシメル**行為はしない。（　　）

ワンポイント

① 特定の領域の語
頭取・博多織・清水焼・踏切
仲買・割引・手当・売値
売上高・繰越金・取扱所
引換券・待合室・申込書

② 一般の領域の語
木立・子守・字引・羽織
日付・水引・物置・役割
合間・織物・貸家・敷物
並木・巻紙・立場・受取

漢字力がつく 複合語のうち、送りがなを付けるべきかどうか紛らわしい語がある。「**ワンポイント**」の例は、**慣用が固定している**と認められ送りがなを付けない語である。

実戦模擬テスト (1)

解答には、常用漢字の旧字体や表外漢字および常用漢字音訓表以外の読みを使ってはいけない。

時間 60分　合格点 160/200　得点

(一) 次の——線の**読み**をひらがなで記せ。 (30) 1×30

1 世界王座の奪還を狙う。（　　）
2 運命に翻弄される。（　　）
3 師の薫陶を受ける。（　　）
4 清澄な空気を吸う。（　　）
5 行方を捜索する。（　　）
6 湖底に汚泥が堆積している。（　　）
7 老婆は眉間にしわを寄せた。（　　）
8 沖天の勢いで勝ち進む。（　　）
9 尺八の吹き方を会得した。（　　）
10 特使が緊急に召還された。（　　）
11 門扉が飛ばされた。（　　）
12 将来のために禍根を断つ。（　　）
13 辞書の凡例を読む。（　　）

(二) 次の漢字の**部首**を記せ。 (10) 1×10

〈例〉 菜（艹）　間（門）

1 誓（　　）
2 師（　　）
3 駄（　　）
4 骨（　　）
5 尻（　　）
6 臭（　　）
7 款（　　）
8 虜（　　）
9 衆（　　）
10 升（　　）

(三) **熟語の構成**のしかたには次のようなものがある。 (20) 2×10

ア 同じような意味の漢字を重ねたもの　（**岩石**）
イ 反対または対応の意味を表す字を重ねたもの　（**高低**）

(四) 次の**四字熟語**について、問1と問2に答えよ。 (30)

問1 次の**四字熟語**ア～コの（　）に入る適切な語を下の□の中から選び、**漢字二字**で記せ。 (20) 2×10

ア 片言（　　）
イ 快刀（　　）
ウ 自由（　　）
エ 精進（　　）
オ 古今（　　）
カ （　　）冬扇
キ （　　）亡羊
ク （　　）充棟

かろ
かんぎゅう
けっさい
せきご
たいがん
たき
てんがい
ほんぽう
むそう

14 湖沼に生息する動物を調査する。（　　）
15 慈悲の権化のような僧だ。（　　）
16 相互扶助の精神を育てる。（　　）
17 状況を把握する。（　　）
18 亡夫の供養をする。（　　）
19 雪解けで小川が奔流となる。（　　）
20 市井の人として暮らす。（　　）
21 母は俳句を詠む。（　　）
22 建坪の狭さを補う。（　　）
23 包丁の刃先が欠ける。（　　）
24 総会後に委員会に諮る。（　　）
25 醜い争いから目を背ける。（　　）
26 祖母に宛てて手紙を書く。（　　）
27 はやり言葉はすぐに廃れる。（　　）
28 人に唆されても相手にしない。（　　）
29 我が子のように慈しんだ。（　　）
30 山車が練り歩く。（　　）

ウ　上の字が下の字を修飾しているもの　（**洋画**）
エ　下の字が上の字の目的語・補語になっているもの　（**着席**）
オ　上の字が下の字の意味を打ち消しているもの　（**非常**）

次の**熟語**は右の**ア〜オ**のどれにあたるか、**一つ**選び、**記号**で答えよ。

1 巧拙（　　）
2 不慮（　　）
3 嫌悪（　　）
4 傘下（　　）
5 頻発（　　）
6 開扉（　　）
7 寛厳（　　）
8 煮沸（　　）
9 搾乳（　　）
10 殉難（　　）

ケ（　　）孤独
コ（　　）成就

らんま

問2

次の1〜5の**意味**にあてはまるものを**問1**の**ア〜コの四字熟語**から**一つ**選び、**記号**で答えよ。　(10) 2×5

1 大きな望みがかなうこと。（　　）
2 身を清めてけがれをはらうこと。（　　）
3 書籍が多くあること。（　　）
4 時季に合わず役に立たないこと。（　　）
5 ほんのわずかなことば。（　　）

(五) 次の1〜5の**対義語**、6〜10の**類義語**を後の□の中から選び、**漢字**で記せ。□の中の語は一度だけ使うこと。 (20) 2×10

対義語

1 侵害（　）
2 乾燥（　）
3 率先（　）
4 拒絶（　）
5 虚弱（　）

類義語

6 卓抜（　）
7 手柄（　）
8 推移（　）
9 調停（　）
10 阻害（　）

おうだく・がんけん・けっしゅつ
しつじゅん・じゃま・しゅくん
ちゅうさい・ついずい・へんせん
ようご

(七) 次の各文にまちがって使われている**同じ読みの漢字**が**一字**ある。上に**誤字**を、**下に正しい漢字**を記せ。 (10) 2×5

1 日本の政府開発援助で植林された防砂林が、津波の際に海水の大量流入を遮閉する効果をあげたという。（　）（　）

2 企業の業績は好調を保って株価の高騰を支え、バブル崩壊以来停態していた資産の動きも活発化している。（　）（　）

3 臓器移植は許絶反応や多額な医療費の負担などのほか、生命倫理の観点からも熟慮を要する問題である。（　）（　）

4 ごみの分別目標が達成されたので、市は架動中の焼却工場のうち老朽化した一棟を閉鎖することにした。（　）（　）

5 北極では気温が大幅に上昇して永久凍土の融解が進むなど環境の変化が験著で生態系への影響が気遣われる。（　）（　）

4 **ザンテイ**的な処置をする。（　）

5 タワーからの**チョウボウ**は素晴らしい。（　）

6 国防費の**サクゲン**を審議する。（　）

7 梅の木から**ホウコウ**が漂ってくる。（　）

8 規定の科目を**リシュウ**した。（　）

9 憲法は基本的人権の**キョウユウ**をうたう。（　）

10 相手方の考えを**ダシン**する。（　）

11 **ハバツ**争いをやめさせる。（　）

12 幸せな**ショウガイ**を終えた。（　）

13 **アヤマ**ちを素直にわびた。（　）

14 ますます不信感が**ツノ**ってくる。（　）

(六) 次の――線のカタカナを漢字に直せ。 (20) 2×10

1 激しい野次のオウシュウがある。（　）
2 証拠品をオウシュウする。（　）
3 事業の再建にフシンしている。（　）
4 挙動フシンの人物がうろついている。（　）
5 戦争のギセイ者を弔う。（　）
6 効果的にギセイ語を使う。（　）
7 庭のアジサイをカビンに生ける。（　）
8 受験前で神経がカビンになっている。（　）
9 酒の飲み過ぎは体にサワる。（　）
10 桜の花びらにサワってみた。（　）

(八) 次の――線のカタカナを漢字一字と送りがな（ひらがな）に直せ。 (10) 2×5

〈例〉 問題にコタエル。（答える）

1 目的をトゲルまであきらめるな。（　）
2 自分の経歴をイツワル事件が起こった。（　）
3 ハナハダシイ誤解をしていた。（　）
4 合格者に占める男女の比率がカタヨル。（　）
5 彼の態度は人をサゲスムものだ。（　）

(九) 次の――線のカタカナを漢字に直せ。 (50) 2×25

1 彼はケンソンして何も語らなかった。（　）
2 全身ダボクの重傷を負った。（　）
3 この大役は役者ミョウリに尽きる。（　）

15 初戦敗退のウき目をみる。（　）
16 仕事をナマけるとはもっての外だ。（　）
17 綿をツムいで糸を作る。（　）
18 潮が引いてヒガタが現れた。（　）
19 カイヅカを発掘して調査する。（　）
20 悲恋の映画に目をウルませる。（　）
21 芝居のハヤクを懸命に演じる。（　）
22 内緒の話もツツヌけだ。（　）
23 好物のモチを食べる。（　）
24 コウカイ先に立たず。（　）
25 身を捨ててこそ浮かぶセもあれ。（　）

実戦模擬テスト ⑵

解答には、常用漢字の旧字体や表外漢字および常用漢字音訓表以外の読みを使ってはいけない。

時間	合格点	得点
60分	160/200	

(一) 次の――線の**読み**を**ひらがな**で記せ。 (30) 1×30

1 輸入される動植物を検疫する。( )
2 洞窟探険は危険を伴う。( )
3 兵糧米を蓄える。( )
4 徹宵して語り合う。( )
5 親友に胸襟を開く。( )
6 穏健で中庸を得た意見だ。( )
7 雄大な山裾にススキの原が広がる。( )
8 迷信が流布していた。( )
9 目に軽侮の色が浮かぶ。( )
10 同人雑誌を主宰する。( )
11 悲願が成就した。( )
12 市場は寡占の様相を呈している。( )
13 五十年の星霜を経て再会した。( )
14 鉄道の敷設に携わる。( )

(二) 次の漢字の**部首**を記せ。 (10) 1×10

〈例〉 菜(艹)　間(門)

1 克( )
2 弔( )
3 韓( )
4 薫( )
5 衝( )
6 頑( )
7 昆( )
8 辞( )
9 嗣( )
10 畝( )

(三) **熟語の構成**のしかたには次のようなものがある。 (20) 2×10

ア　同じような意味の漢字を重ねたもの　(**岩石**)
イ　反対または対応の意味を表す字を重ねたもの　(**高低**)

(四) 次の**四字熟語**について、問1と問2に答えよ。 (30)

問1　次の**四字熟語**ア～コの( )に入る適切な語を下の□の中から選び、**漢字二字**で記せ。 (20) 2×10

ア 順風( )
イ 一網( )
ウ 気炎( )
エ 刻苦( )
オ 冷汗( )
カ ( )果断
キ ( )引水
ク ( )無量

がでん　かんがい　ききゅう　きんげん　さんと　じんそく　だじん　ばんじょう　べんれい

15 射撃場から硝煙の匂いがする。（　　）
16 碑の建設に奔走する。（　　）
17 一度拙宅にお越しください。（　　）
18 遅刻は御法度だ。（　　）
19 あらゆる分野に通暁している。（　　）
20 名簿から氏名を抹殺する。（　　）
21 父はうそつきを嫌う。（　　）
22 店舗の二階を住居に充てる。（　　）
23 恥ずかしさで顔が火照った。（　　）
24 子犬と戯れている。（　　）
25 手続きが煩わしい。（　　）
26 汗が滴り落ちる。（　　）
27 大自然の懐に抱かれる。（　　）
28 死者は手厚く葬られた。（　　）
29 豆を火にかけ煎る。（　　）
30 数寄屋造りの離れに案内された。（　　）

ウ　上の字が下の字を修飾しているもの　（洋画）
エ　下の字が上の字の目的語・補語になっているもの　（着席）
オ　上の字が下の字の意味を打ち消しているもの　（非常）

次の**熟語**は右の**ア～オ**のどれにあたるか、**一つ**選び、記号で答えよ。

1 隠顕（　　）
2 漸進（　　）
3 模擬（　　）
4 造幣（　　）
5 真偽（　　）
6 迎賓（　　）
7 憂愁（　　）
8 不祥（　　）
9 抹茶（　　）
10 抑揚（　　）

ケ（　　）実直
コ（　　）存亡

まんぱん

問2
次の1～5の**意味**にあてはまるものを**問1**の**ア～コ**の**四字熟語**から**一つ**選び、**記号**で答えよ。
(10)
2×5

1 まじめで浮ついたところのないこと。（　　）
2 とても恐ろしかったり、恥ずかしかったりすること。（　　）
3 重大な事態が迫って生きるか死ぬかの瀬戸際のこと。（　　）
4 ものごとが調子よく進むこと。（　　）
5 他を圧倒するほどいき込みが盛んなこと。（　　）

(五) 次の1～5の対義語、6～10の類義語を後の□の中から選び、漢字で記せ。□の中の語は一度だけ使うこと。 (20) 2×10

対義語

1 答申（　　）
2 偉大（　　）
3 獲得（　　）
4 愛好（　　）
5 飽食（　　）

類義語

6 寄与（　　）
7 非情（　　）
8 脅迫（　　）
9 反逆（　　）
10 不意（　　）

いかく・きが・けんお
こうけん・しもん・そうしつ
とつじょ・ぼんよう・むほん
れいこく

(七) 次の各文にまちがって使われている同じ読みの漢字が一字ある。上に誤字を、下に正しい漢字を記せ。 (10) 2×5

1 スギ花粉症の閑和に効果的な成分を含む米が、遺伝子組み換えにより開発された。 〔　〕（　　）

2 改正遺失物法によれば、傘や衣類などは二週間経過すれば保管者が売却、規棄できる。 〔　〕（　　）

3 市町村合併の主な目的は、自治体の運営を効率化して地方分権の時代に合った自治基板を構築することにある。 〔　〕（　　）

4 パソコンが普及し、インターネットを利用した情報の検策が容易にできるようになった。 〔　〕（　　）

5 神社の境内で昔から伝わる神楽舞が奉納され、見物客はその優賀さに感嘆した。 〔　〕（　　）

(八) 次の――線のカタカナを漢字一字と送りがな（ひらがな）に直せ。 (10) 2×5

〈例〉 問題にコタエル。（答える）

6 任務を無事カンスイした。（　　）
7 酒の醸造にはコウボは欠かせない。（　　）
8 既に先方のショウダクは得ている。（　　）
9 各国のキヒンを席へ案内した。（　　）
10 トクメイで目撃情報が寄せられた。（　　）
11 美しい歌声は聴衆をミリョウした。（　　）
12 人権をヨウゴする運動が盛んだ。（　　）
13 土地はユルい斜面になっている。（　　）
14 寸暇を惜しんで仕事にハゲむ。（　　）
15 悪徳業者にアザムかれた。（　　）

(六) 次の——線のカタカナを漢字に直せ。(20) 2×10

1 一審判決をハキし無罪になる。（　）
2 若者らしいハキに乏しい。（　）

3 話をコウテイ的に受け止める。（　）
4 大使コウテイに招待された。（　）

5 社員のイロウ会が開かれる。（　）
6 準備にイロウのないようにする。（　）

7 名作のボウトウ部分を暗誦する。（　）
8 地価のボウトウを警戒する。（　）

9 生い茂った雑草をカり取る。（　）
10 就職先が決まらず焦燥にカられる。（　）

1 無理な要求をきっぱりとコバンだ。（　）
2 あえて難問にイドモうとしている。（　）
3 家賃の支払いがトドコオル。（　）
4 友人にソソノカサれていたずらをした。（　）
5 患部がひどくハレル。（　）

16 ソボクな人柄にほれこむ。（　）
17 寒くて体がコゴえそうだ。（　）
18 盆栽の枝を針金でタめる。（　）
19 機械のスえ付けが完了した。（　）
20 赤ん坊のホオに触れる。（　）
21 夢はますますフクらむばかりだ。（　）
22 アルバイトで学費をカセぐ。（　）
23 カメの甲より年の功。（　）
24 禍福はあざなえるナワのごとし。（　）
25 三つ子のタマシイ百まで。（　）

(九) 次の——線のカタカナを漢字に直せ。(50) 2×25

1 車窓に広がるワンガンの風景を楽しむ。（　）
2 度重なる失敗にヨウシャしがたい。（　）
3 コウショウな趣味を持つ人だ。（　）
4 既成のガイネンを覆す新説だ。（　）
5 城に強固なサクモンを築く。（　）

実戦模擬テスト (3)

解答には、常用漢字の旧字体や表外漢字および常用漢字音訓表以外の読みを使ってはいけない。

時間 60分
合格点 160/200
得点

(一) 次の――線の読みをひらがなで記せ。 (30) 1×30

1 礼拝堂に荘厳な音楽が鳴り響く。（　　）
2 証拠を押収する。（　　）
3 配膳の係になる。（　　）
4 鳥が虚空高く舞い上がった。（　　）
5 施錠して出かける。（　　）
6 たばこをやめる人は漸増している。（　　）
7 雨で作業が難渋した。（　　）
8 野菜の種苗を購入する。（　　）
9 狭量な人とは付き合いにくい。（　　）
10 平和な日々を渇望する。（　　）
11 美しい舷灯がともる。（　　）
12 反対勢力を駆逐した。（　　）
13 筆に墨汁を含ませる。（　　）
14 ツバメが営巣する。（　　）

(二) 次の漢字の部首を記せ。 (10) 1×10

〈例〉 菜（艹） 間（門）

1 爵（　　）
2 顕（　　）
3 喪（　　）
4 世（　　）
5 索（　　）
6 摩（　　）
7 采（　　）
8 庸（　　）
9 励（　　）
10 賓（　　）

(三) 熟語の構成のしかたには次のようなものがある。 (20) 2×10

ア 同じような意味の漢字を重ねたもの （岩石）
イ 反対または対応の意味を表す字を重ねたもの （高低）

(四) 次の四字熟語について、問1と問2に答えよ。 (30)

問1 次の四字熟語ア～コの（　）に入る適切な語を下の□の中から選び、漢字二字で記せ。 (20) 2×10

ア 金城（　　）
イ 詩歌（　　）
ウ 生殺（　　）
エ 極楽（　　）
オ 進取（　　）
カ（　　）心小
キ（　　）断行
ク（　　）西走

かかん
かんげん
じゅくりょ
じょうど
せいれん
たんだい
ちょうぼう
てっぺき
とうほん

15 新種の疾病が世界を騒がせた。（　）
16 功徳を積んで極楽往生を願う。（　）
17 この辺りは昔から窯業が盛んだ。（　）
18 眼前に群青の大海原が広がる。（　）
19 代表して弔辞を述べる。（　）
20 会釈して席に着いた。（　）
21 景気回復の兆しが見えてきた。（　）
22 生きるか死ぬかの瀬戸際に立たされる。（　）
23 重責を全うした。（　）
24 もはや進退窮まった。（　）
25 追及の矢面に立つ。（　）
26 失敗して惨めな思いをした。（　）
27 歌いすぎて喉を痛めた。（　）
28 今朝の寒さで霜柱が立った。（　）
29 忌まわしい夢を見た。（　）
30 庭園に築山を設ける。（　）

ウ　上の字が下の字を修飾しているもの　（**洋画**）
エ　下の字が上の字の目的語・補語になっているもの　（**着席**）
オ　上の字が下の字の意味を打ち消しているもの　（**非常**）

次の**熟語**は右の**ア**～**オ**のどれにあたるか、**一つ**選び、**記号**で答えよ。

1 雅俗（　）
2 王妃（　）
3 謹慎（　）
4 無為（　）
5 還元（　）
6 逸話（　）
7 虚実（　）
8 謹呈（　）
9 争覇（　）
10 摩擦（　）

ケ（　）潔白
コ（　）絶佳

よだつ

問2 次の1～5の**意味**にあてはまるものを**問1**の**ア**～**コ**の**四字熟語**から**一つ**選び、**記号**で答えよ。 (10) 2×5

1 見晴らしがすばらしいこと。（　）
2 人を思いのままに支配すること。（　）
3 心や行いが正しく、やましいところがないこと。（　）
4 非常に堅固で付け入るすきがないこと。（　）
5 物事に積極的に取り組み、決断力に富むこと。（　）

(五)

次の1〜5の**対義語**、6〜10の**類義語**を後の□の中から選び、**漢字**で記せ。□の中の語は一度だけ使うこと。

(20)
2×10

対義語

1 進出（　　）
2 欠乏（　　）
3 反逆（　　）
4 末端（　　）
5 隆起（　　）

類義語

6 譲歩（　　）
7 親密（　　）
8 妨害（　　）
9 貧困（　　）
10 混乱（　　）

かんぼつ・きゅうぼう・きょうじゅん
こんい・じゅうそく・そし
だきょう・ちゅうすう・てったい
ふんきゅう

(七)

次の各文にまちがって使われている**同じ読みの漢字**が**一字**ある。**上に誤字**を、**下に正しい漢字**を記せ。

(10)
2×5

1 少子化対策は、重点を施設の充実から、直接的な経済支援に移行することを明陵にした。［　　］（　　）
2 地上デジタル放送への切り替えによる買い替え需要の増大が見込まれ、薄型テレビ市場が活況を提している。［　　］（　　）
3 自由な発想の躍動的な書体で書かれ、現代感覚にあふれる新手法の墨書に味了された。［　　］（　　）
4 沿岸に漂着した流木に船舶が接触する事故が相次ぎ、実態の覇握に全力を挙げた。［　　］（　　）
5 大手銀行が社会貢謙の一環として、貨幣の流通の仕組みを教える金融教育を実施する。［　　］（　　）

(八)

次の——線の**カタカナ**を**漢字一字**と**送りがな（ひらがな）**に直せ。

(10)
2×5

〈例〉 問題に**コタエル**。（答える）

6 大豆や菜種から油を**チュウシュツ**する。（　　）
7 **セキツイ**動物は大いに進化した。（　　）
8 果汁を**ハッコウ**させてワインを造る。（　　）
9 要求を**カンヨウ**な態度で受け入れる。（　　）
10 議場では**セイシュク**に願います。（　　）
11 車が**ジュウタイ**に巻き込まれた。（　　）
12 国民の**フクシ**の増進を図る。（　　）
13 浜辺に立つと**ウラカゼ**が頬をなでる。（　　）
14 母の**カタワ**らで子供が遊ぶ。（　　）
15 組織を**ス**べる地位の人だ。（　　）

(六) 次の――線のカタカナを漢字に直せ。 (20) 2×10

1 廊下にケイコウ灯を取り付ける。 (　　)
2 梅雨の時季は常に傘をケイコウする。 (　　)
3 景気のフヨウ策を講じる。 (　　)
4 四人の家族をフヨウしている。 (　　)
5 大学へはスイセン入学で進学した。 (　　)
6 庭の一隅にスイセンを植えた。 (　　)
7 人は自然の恵みをキョウジュしている。 (　　)
8 多くの弟子に生け花をキョウジュする。 (　　)
9 年齢のわりにはフけて見える。 (　　)
10 夜がフけるまで語り合う。 (　　)

1 内心の動揺を抑えて平静をヨソオう。 (　　)
2 母は破れた服をツクロってくれた。 (　　)
3 一芸にヒイデルのは容易ではない。 (　　)
4 なかなかカシコイやり方だ。 (　　)
5 家臣と城に立てコモル。 (　　)

(九) 次の――線のカタカナを漢字に直せ。 (50) 2×25

1 相手の動きをナイテイする。 (　　)
2 ユカイな仲間がたくさん集まった。 (　　)
3 重いケイバツが科せられた。 (　　)
4 ドラマはいよいよカキョウに入った。 (　　)
5 ダエキからＤＮＡを採取する。 (　　)

16 空はにわかに雨雲にオオわれた。 (　　)
17 人知れずシノび泣く。 (　　)
18 国のイシズエを築いた英雄だ。 (　　)
19 少しクセのある味だ。 (　　)
20 旧弊をクツガエして改革を進める。 (　　)
21 畑のウネに苗を植える。 (　　)
22 氷をクダいてグラスに入れる。 (　　)
23 鬼の居ぬ間にセンタク。 (　　)
24 ヤミヨに鉄砲。 (　　)
25 ダンチョウの思いで離郷する。 (　　)

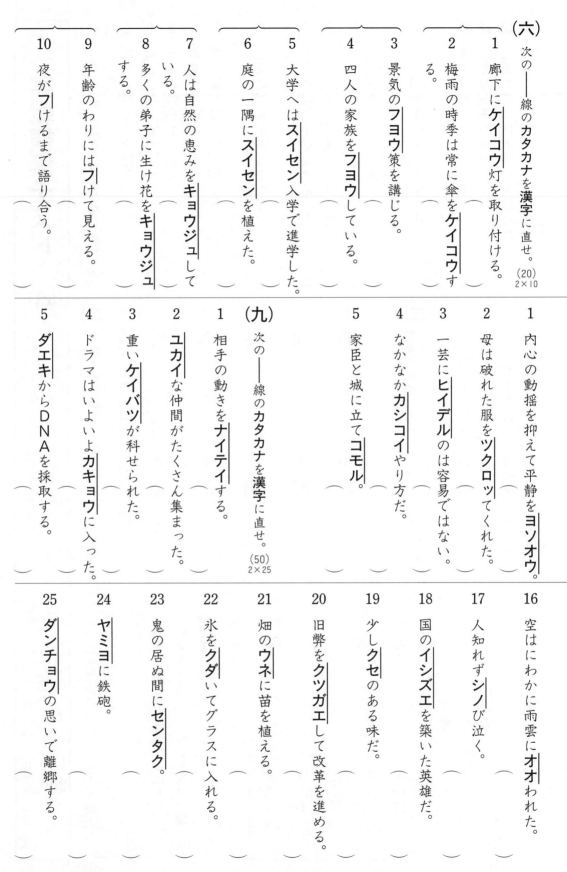

実戦模擬テスト (4)

解答には、常用漢字の旧字体や表外漢字および常用漢字音訓表以外の読みを使ってはいけない。

時間 60分
合格点 160/200
得点

(一) 次の――線の読みをひらがなで記せ。 (30) 1×30

1 国から褒賞を受ける。( )
2 親に詰問された。( )
3 台風の惨禍を報じる。( )
4 役員が更迭された。( )
5 ご返答を賜わり幸甚に存じます。( )
6 各派の領袖が会合を開く。( )
7 上司の媒酌で結婚する。( )
8 重要事項を網羅した参考書だ。( )
9 予鈴が鳴ったので席に着く。( )
10 寺の建立時期を古文書で調べる。( )
11 家の普請に取り掛かる。( )
12 社会の安寧を保つ。( )
13 両国の間に借款協定が結ばれた。( )

(二) 次の漢字の部首を記せ。 (10) 1×10

〈例〉 菜（艹） 間（門）

1 勾（ ）
2 辱（ ）
3 甚（ ）
4 魔（ ）
5 亜（ ）
6 帝（ ）
7 革（ ）
8 尉（ ）
9 奨（ ）
10 衷（ ）

(三) 熟語の構成のしかたには次のようなものがある。 (20) 2×10

ア 同じような意味の漢字を重ねたもの （岩石）
イ 反対または対応の意味を表す字を重ねたもの （高低）

(四) 次の四字熟語について、問1と問2に答えよ。 (30)

問1 次の四字熟語ア～コの（ ）に入る適切な語を下の□の中から選び、漢字二字で記せ。 (20) 2×10

ア 率先（ ）
イ 天衣（ ）
ウ 質実（ ）
エ 千載（ ）
オ 一念（ ）
カ（ ）万象
キ（ ）努力
ク（ ）東風

いちぐう
きんか
ごうけん
しんら
すいはん
ばじ
ふんれい
ぼうじゃく
ほっき

14 友人と釣果を競う。（　）
15 原本は散逸している。（　）
16 部屋中に異臭が漂う。（　）
17 兄弟の相克を描いたドラマだ。（　）
18 批評家の好餌となる。（　）
19 機械が稼動を始めた。（　）
20 土壇場で逆転した。（　）
21 敵が都を陥れた。（　）
22 逃れて難を免れた。（　）
23 均斉のとれた体だ。（　）
24 心を澄まして琴を奏でる。（　）
25 控訴審で一審判決が覆った。（　）
26 将来を固く契り合う。（　）
27 母校の伝統を辱めないよう努める。（　）
28 勝ちを焦って失敗した。（　）
29 彼の言葉に気持ちが萎えた。（　）
30 新たな発展の息吹が感じられる。（　）

ウ　上の字が下の字を修飾しているもの　（洋画）
エ　下の字が上の字の目的語・補語になっているもの　（着席）
オ　上の字が下の字の意味を打ち消しているもの　（非常）

次の**熟語**は右の**ア〜オ**のどれにあたるか、**一つ**選び、**記号**で答えよ。

1 窮地（　）
2 陥落（　）
3 施肥（　）
4 未了（　）
5 疎密（　）
6 仰天（　）
7 緩急（　）
8 休憩（　）
9 懇談（　）
10 扶助（　）

ケ（　）無人
コ（　）玉条

むほう

問2 次の1〜5の**意味**にあてはまるものを**問1**の**ア〜コの四字熟語**から**一つ**選び、**記号**で答えよ。 (10) 2×5

1 自然のままで飾りけがないこと。（　）
2 あたりをはばからない振る舞い。（　）
3 またとないよい機会。（　）
4 思い立って何かを始めようとすること。（　）
5 一番大切なきまりや法律。（　）

（五） 次の1～5の**対義語**、6～10の**類義語**を後の□の中から選び、**漢字**で記せ。□の中の語は一度だけ使うこと。 (20) 2×10

対義語

1 多弁（　　）
2 慶賀（　　）
3 愛護（　　）
4 粗略（　　）
5 軽侮（　　）

類義語

6 面倒（　　）
7 傾倒（　　）
8 削除（　　）
9 永眠（　　）
10 罷免（　　）

あいとう・かいこ・かもく
ぎゃくたい・しんすい・すうはい
せいきょ・ていねい・まっしょう
やっかい

（七） 次の各文にまちがって使われている**同じ読みの漢字**が**一字**ある。**上に誤字**を、**下に正しい漢字**を記せ。 (10) 2×5

1 鈍欲に練習する選手の中から、世界に羽ばたく新星が誕生するに違いない。（　）（　）

2 ビルの屋上の緑化には、土壌の軽量化、排水機能の高性能化などの技術が苦使されている。（　）（　）

3 利用者の減少が続く路線バスだが、高齢者の優待、路線の新設などで巻き返しに健命だ。（　）（　）

4 車が炎上した原因を分績した結果、燃料供給部分の接合が不十分であることが判明した。（　）（　）

5 野菜や乳製品を積極的に設取する人は、干物や漬物を好む人と比べて胃がんになる率が著しく低いという。（　）（　）

（八） 次の――線の**カタカナ**を**漢字一字**と**送りがな（ひらがな）**に直せ。 (10) 2×5

〈例〉 問題に**コタエル**。（答える）

6 **シット**深い性格のため友人を失った。（　　）

7 割った窓ガラスを**ベンショウ**する。（　　）

8 実験中の細菌を**バイヨウ**する。（　　）

9 事故で多数の**ギセイ**者が出た。（　　）

10 やむをえず入場制限の**ソチ**をとる。（　　）

11 権力をめぐって**ナイフン**が絶えない。（　　）

12 二国間の条約が**ヒジュン**された。（　　）

13 **アワ**ただしい年の瀬がやってくる。（　　）

14 一人娘に**ムコ**を迎える。（　　）

15 交渉相手から**ゲンチ**をとる。（　　）

（六）次の——線のカタカナを漢字に直せ。(20) 2×10

1 カンゲン楽団を結成した。（　）
2 利益の一部を社会にカンゲンする。（　）

3 便所にショウシュウ剤を散布した。（　）
4 臨時国会をショウシュウする。（　）

5 侵略のキョウイを感じる。（　）
6 キョウイ的な集中力を発揮した。（　）

7 カンヨウの精神で人に接する。（　）
8 細心の注意がカンヨウだ。（　）

9 トコ夏の島で正月を過ごす。（　）
10 トコの間に掛け軸を掛ける。（　）

1 夜空にマタタク星を仰ぐ。（　）
2 チームワークの勝利だとホメル。（　）
3 梅干しはスッパイ。（　）
4 会長、ナラビニ副会長が出席します。（　）
5 彼女はアヤシイ魅力に満ちていた。（　）

（九）次の——線のカタカナを漢字に直せ。(50) 2×25

1 ジュウナンな発想をする人だ。（　）
2 いわれのないクツジョクを受ける。（　）
3 大きなテイタクが立ちならぶ。（　）
4 和やかなフンイキが感じられる。（　）
5 借地権を第三者にジョウトした。（　）

16 全国制覇の夢がマボロシに終わる。（　）
17 赤ちゃんをハダカにして行水させる。（　）
18 カンダカい声が辺りに響く。（　）
19 横ナグりの雨が吹き付ける。（　）
20 問屋から品物をオロしてもらう。（　）
21 オレお前と呼び合う仲だ。（　）
22 蚕のマユから生糸を紡ぐ。（　）
23 チンモクは金、雄弁は銀。（　）
24 暑さ寒さもヒガンまで。（　）
25 ハシにも棒にも掛からない。（　）

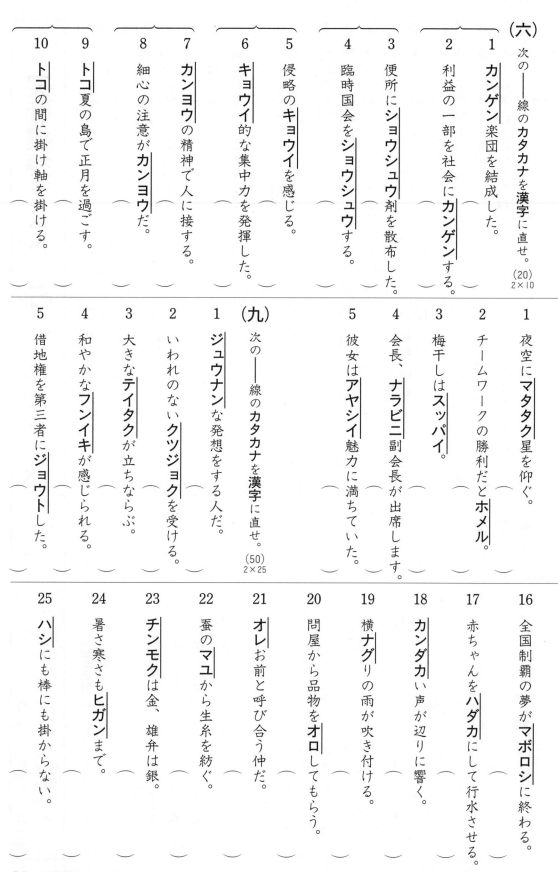

実戦模擬テスト ⑸

解答には、常用漢字の旧字体や表外漢字および常用漢字音訓表以外の読みを使ってはいけない。

時間 60分　合格点 160/200　得点

(一)
次の――線の読みをひらがなで記せ。(30) 1×30

1 効果は如実に現れた。（　）
2 首相は遊説中だ。（　）
3 冶金の作業で徹夜が続く。（　）
4 国の財政が疲弊する。（　）
5 躍起になって証拠を探す。（　）
6 ここまで勝ち進めば安泰だ。（　）
7 文献を渉猟する。（　）
8 険しい桟道を進む。（　）
9 神仏を信じすがることを帰依という。（　）
10 事件の展開は興味津々だ。（　）
11 噴火で泥流が発生した。（　）
12 吉日に祝言を挙げる。（　）
13 長年の憎悪を超えて和解した。（　）

(二)
次の漢字の部首を記せ。(10) 1×10

〈例〉 菜（艹）　間（門）

1 叙（　）
2 斉（　）
3 呂（　）
4 殉（　）
5 凡（　）
6 寧（　）
7 且（　）
8 軟（　）
9 蛍（　）
10 邸（　）

(三)
熟語の構成のしかたには次のようなものがある。(20) 2×10

ア 同じような意味の漢字を重ねたもの（岩石）
イ 反対または対応の意味を表す字を重ねたもの（高低）

(四)
次の四字熟語について、問1と問2に答えよ。(30)

問1
次の四字熟語ア〜コの（　）に入る適切な語を下の□の中から選び、漢字二字で記せ。(20) 2×10

ア 温厚（　）
イ 昼夜（　）
ウ 面目（　）
エ 粉骨（　）
オ 暖衣（　）
カ （　）当千
キ （　）無恥
ク （　）一刻

いっき
いふう
けんこう
こうがん
さいしん
しゅんしょう
しよう
とくじつ
ほうしょく

14 天から賦与された才能を発揮する。（　）

15 社長自ら辣腕を振るう。（　）

16 教唆扇動には乗るな。（　）

17 尼僧が一人で寺を守る。（　）

18 物見遊山の旅に出る。（　）

19 業界の将来は若手の双肩にかかっている。（　）

20 納屋に農具をしまう。（　）

21 カーテンで光を遮る。（　）

22 来年は冬山に挑むつもりだ。（　）

23 現職にとどまることを潔しとしない。（　）

24 外敵の侵入を阻む。（　）

25 貢ぎ物を献上した。（　）

26 決して疎んじるつもりはない。（　）

27 仕送りで賄う。（　）

28 併せてご覧ください。（　）

29 年端も行かないまま旅に出す。（　）

30 弥生式土器を発掘する。（　）

ウ　上の字が下の字を修飾しているもの　（洋画）

エ　下の字が上の字の目的語・補語になっているもの　（着席）

オ　上の字が下の字の意味を打ち消しているもの　（非常）

次の**熟語**は右の**ア～オ**のどれにあたるか、**一つ**選び、**記号**で答えよ。

1 座礁（　）

2 酷似（　）

3 衆寡（　）

4 不肖（　）

5 余剰（　）

6 偏在（　）

7 虜囚（　）

8 併記（　）

9 往還（　）

10 叙景（　）

ケ（　）堂堂

コ（　）末節

やくじょ

問2 次の1～5の**意味**にあてはまるものを**問1**の**ア～コの四字熟語**から**一つ**選び、**記号**で答えよ。

(10)
2×5

1 いかめしく立派なさま。（　）

2 休まず仕事を続けること。（　）

3 並外れて能力が高いこと。（　）

4 全力を尽くして努力すること。（　）

5 穏やかで情があり、真面目なこと。（　）

(五)

次の1～5の**対義語**、6～10の**類義語**を後の□の中から選び、**漢字**で記せ。□の中の語は一度だけ使うこと。

(20) 2×10

対義語

1 潤沢（　　）
2 巧妙（　　）
3 発端（　　）
4 拒絶（　　）
5 更生（　　）

類義語

6 容赦（　　）
7 気分（　　）
8 完遂（　　）
9 平穏（　　）
10 来歴（　　）

あんねい・おうだく・かんべん
きげん・こかつ・しゅうきょく
じょうじゅ・せつれつ・だらく
ゆいしょ

(七)

次の各文にまちがって使われている**同じ読みの漢字**が**一字**ある。上に**誤字**を、**下に正しい漢字**を記せ。

(10) 2×5

1 百五十年前に来日した初代米国総領事は、通商条約の締結を求めて幕府と交衝を始めた。〔　〕（　）

2 隣国で作られたドラマの人気が我が国で沸騰し、両国民の間の親撲が大いに深まった。〔　〕（　）

3 静寂な庭に建てられている風雅な茶室で、亭主の趣向を懲らしたもてなしを受けた。〔　〕（　）

4 無作為で選ばれた裁判員が、裁判官と一緒に刑事事件の慎理を行う制度が導入される。〔　〕（　）

5 農業を生業とする人々にとって、繁忙時に克使した肉体をいやす農閑期の湯治は大きな楽しみだ。〔　〕（　）

(八)

次の――線の**カタカナ**を**漢字一字**と**送りがな（ひらがな）**に直せ。

(10) 2×5

〈例〉 問題に**コタエル**。（答える）

6 **キョウコウ**な姿勢を崩さなかった。（　　）
7 不況で**コウバイ**力が落ちる。（　　）
8 学歴**サショウ**が発覚した。（　　）
9 問題点の**ハアク**に努める。（　　）
10 不安と期待が**コウサク**する。（　　）
11 何か**コンタン**がありそうだ。（　　）
12 町の**ジョウスイ**場を見学した。（　　）
13 彼の長話はもう**ア**きた。（　　）
14 代表者として重責を**ニナ**う。（　　）
15 金魚鉢に**モ**を入れた。（　　）

(六) 次の——線のカタカナを漢字に直せ。 (20) 2×10

1 大都市のキンコウに住む。（　　）
2 両勢力のキンコウが破れた。（　　）
3 連戦連勝してハケンを握った。（　　）
4 人材ハケン会社に登録する。（　　）
5 全国大会出場者のソウコウ会を開いた。（　　）
6 小説のソウコウに手を入れる。（　　）
7 固体がユウカイする温度はそれぞれ異なる。（　　）
8 子供のユウカイを未然に防ぐ。（　　）
9 はるか沖に白ホが見える。（　　）
10 稲ホはまだ青い。（　　）

1 故郷の墓地にホウムラれた。（　　）
2 過激な発言が物議をカモシた。（　　）
3 多発する凶悪事件にイキドオル。（　　）
4 親子が手をタズサエて歩く。（　　）
5 ライオンが獲物をネラウ。（　　）

(九) 次の——線のカタカナを漢字に直せ。 (50) 2×25

1 市内をジュンカンするバスに乗った。（　　）
2 ダトウな結論に落ち着いた。（　　）
3 大きなスイソウで熱帯魚を飼う。（　　）
4 必要な栄養素をセッシュする。（　　）
5 ドウコウの大きさで、光量を調整する。（　　）

16 スブタは弟の大好物だ。（　　）
17 互いにウラみっこなしにしよう。（　　）
18 透かしボりの欄間がある。（　　）
19 人をイヤしめる行為は許すな。（　　）
20 二人はレースの最後までセりあった。（　　）
21 約束を守ることをチカいます。（　　）
22 健康診断でレントゲン写真をトった。（　　）
23 行きがけのダチン。（　　）
24 奥歯に物がハサまる。（　　）
25 トラの尾を踏む。（　　）

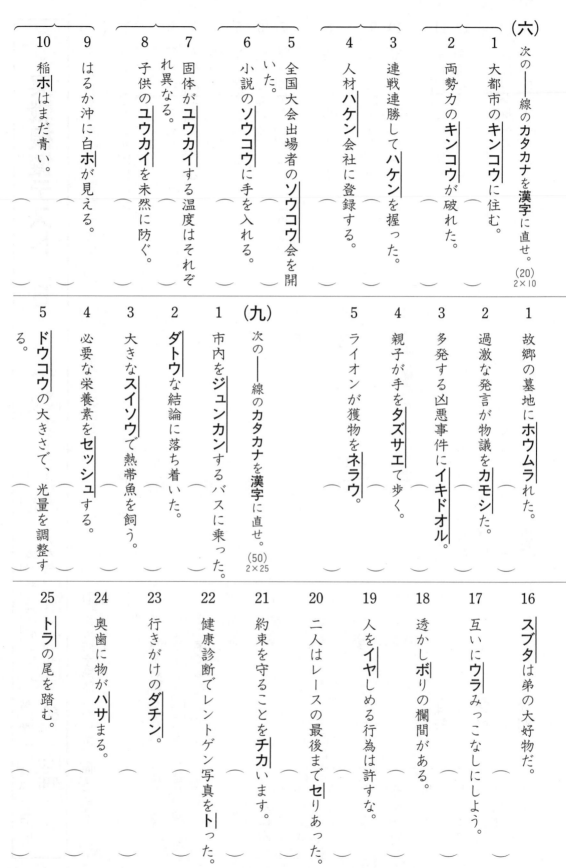

実戦模擬テスト ⑹

解答には、常用漢字の旧字体や表外漢字および常用漢字音訓表以外の読みを使ってはいけない。

時間	合格点	得点
60分	160/200	

(一) 次の――線の読みをひらがなで記せ。 (30) 1×30

1 種々の意見を包括した案だ。（　）（　）
2 怨恨による犯行だろう。（　）
3 人材が払底している。（　）
4 事の本質を喝破した。（　）
5 稚拙な字を恥じる。（　）
6 愛猫を預ける。（　）
7 即興の句を短冊にしたためる。（　）（　）
8 迷いの世界から解脱する。（　）（　）
9 彼の人柄を語る挿話だ。（　）
10 荒漠とした原野を前に立ち尽くす。（　）
11 まだ頑是ない幼児だ。（　）
12 摩耗の激しい部分を調べる。（　）
13 事件の全貌を暴く。（　）
14 一献お受けください。（　）

(二) 次の漢字の部首を記せ。 (10) 1×10

〈例〉 菜（艹） 間（門）

1 該（　）
2 窯（　）
3 褒（　）
4 匠（　）
5 醒（　）
6 缶（　）
7 弊（　）
8 麻（　）
9 丹（　）
10 更（　）

(三) 熟語の構成のしかたには次のようなものがある。 (20) 2×10

ア 同じような意味の漢字を重ねたもの （岩石）
イ 反対または対応の意味を表す字を重ねたもの （高低）

(四) 次の四字熟語について、問1と問2に答えよ。 (30)

問1 次の四字熟語ア～コの（　）に入る適切な語を下の□の中から選び、漢字二字で記せ。 (20) 2×10

ア 延命（　）
イ 朝令（　）
ウ 時代（　）
エ 容姿（　）
オ 高論（　）
カ（　）自若
キ（　）自重
ク（　）分別

いんにん　けんにん　さくご　しりょ　そくさい　たいぜん　たくせつ　たんれい　ひょうり

15 大企業の傘下に入る。（　　）
16 予防接種で免疫ができる。（　　）
17 式は粛然と執り行われる。（　　）
18 やさしい表情をした内裏びなだ。（　　）
19 大豆を圧搾して油を採る。（　　）
20 元気な産声をあげた。（　　）
21 昼休みに公園で憩う。（　　）
22 前例に倣って行事を簡素に行う。（　　）
23 二人の麗しい友情に心を動かされた。（　　）
24 水に恵まれ酒を醸すのに適している。（　　）
25 常夏の島で過ごす。（　　）
26 神前で恭しく拝礼する。（　　）
27 血眼になって探す。（　　）
28 さえた鼓の音が響く。（　　）
29 知る由もない事だ。（　　）
30 落とし蓋をして煮込む。（　　）

ウ　上の字が下の字を修飾しているもの　（**洋画**）
エ　下の字が上の字の目的語・補語になっているもの　（**着席**）
オ　上の字が下の字の意味を打ち消しているもの　（**非常**）

次の**熟語**は右の**ア～オ**のどれにあたるか、**一つ**選び、**記号**で答えよ。

1 筆禍（　　）
2 媒介（　　）
3 不粋（　　）
4 慶弔（　　）
5 懐古（　　）
6 俊秀（　　）
7 偏見（　　）
8 剛柔（　　）
9 漆黒（　　）
10 遷都（　　）

ケ（　　）不抜
コ（　　）一体

ぼかい

問2 次の1～5の**意味**にあてはまるものを**問1**の**ア～コの四字熟語**から**一つ**選び、**記号**で答えよ。　(10) 2×5

1 じっと耐えて言動を慎むこと。（　　）
2 我慢強く何事にも動揺しないこと。（　　）
3 今の世に適合しないこと。（　　）
4 慎重に考え道理をわきまえること。（　　）
5 無事で長く生きること。（　　）

(五)

次の1～5の**対義語**、6～10の**類義語**を後の□の中から選び、**漢字**で記せ。□の中の語は一度だけ使うこと。 (20) 2×10

対義語

1 横柄（　　）
2 栄転（　　）
3 淑女（　　）
4 下落（　　）
5 絶賛（　　）

類義語

6 残念（　　）
7 納得（　　）
8 制約（　　）
9 禍福（　　）
10 安価（　　）

いかん・きっきょう・けんきょ
こくひょう・させん・しんし
そくばく・とうき・りょうかい
れんか

(七)

次の各文にまちがって使われている**同じ読みの漢字**が**一字**ある。**上に誤字を**、**下に正しい漢字**を記せ。 (10) 2×5

1 指紋の模様は、本人固有で生涯変わらないため、犯罪の魂跡として捜査に役立てられる。〔　　〕（　　）
2 廃校となった小学校が改修され、卓球場や休傾室も備えた入浴施設としてオープンした。〔　　〕（　　）
3 医師からがんを宣告され、手術をして治愉したが、再発しないかという一抹の不安が残る。〔　　〕（　　）
4 個人情報に対する意識の高まりに配慮し、戸籍謄本・抄本を誓求できる人に制限を設ける方針が示された。〔　　〕（　　）
5 経済や教育の遅れが目立っていた国の中にも、先進国の水準にまで発展を途げた国がある。〔　　〕（　　）

(八)

次の——線の**カタカナ**を**漢字一字**と**送りがな（ひらがな）**に直せ。 (10) 2×5

〈例〉 問題に**コタエル**。（答える）

6 資金の**ユウズウ**を依頼する。（　　）
7 **トクメイ**の投稿は受け付けない。（　　）
8 自然を神として**スウハイ**する。（　　）
9 山上の**セイリョウ**な空気を吸い込む。（　　）
10 事故を**ケイキ**に信号が設置された。（　　）
11 辺り一面に**イシュウ**が立ち込めた。（　　）
12 **オクメン**もなくしゃしゃり出る。（　　）
13 時間に**シバ**られない旅をする。（　　）
14 **ハグキ**のはれが引いた。（　　）
15 司会者に発言を**ウナガ**された。（　　）

（六） 次の――線のカタカナを漢字に直せ。 (20) 2×10

1 古里へのキョウシュウにひたる。（　）
2 投手キョウシュウのヒットを放つ。（　）
3 不祥事によって役員がコウテツされた。（　）
4 頑丈なコウテツ張りの車両だ。（　）
5 極めてダトウな人選だ。（　）
6 強敵のダトウを目指し練習する。（　）
7 洗浄力を高めるコウソが含まれる。（　）
8 上級裁判所へコウソした。（　）
9 下駄をハいて散歩に出る。（　）
10 思わず本音をハいた。（　）

1 春の陽気と共につぼみがフクラム。（　）
2 次回は東京モシクハ横浜で開催します。（　）
3 心がイヤシイと顔にあらわれるという。（　）
4 前言を簡単にヒルガエス。（　）
5 疑念をヌグイ去る。（　）

（九） 次の――線のカタカナを漢字に直せ。 (50) 2×25

1 緊迫した場面にソウグウした。（　）
2 法廷で証人がセンセイする。（　）
3 傷口がエンショウを起こして痛む。（　）
4 ゴウカ客船で世界一周の旅に出た。（　）
5 二人は長いミツゲツ時代を過ごした。（　）

16 木の間から光がモれてくる。（　）
17 問題を一時タナ上げした。（　）
18 今年の収穫はあまりカンバしくない。（　）
19 城の周囲にホリを巡らす。（　）
20 長年ツチカった技術が認められた。（　）
21 親しかった友の死をイタむ。（　）
22 悔い改めて罪をツグナう。（　）
23 我思う、ユエに我あり。（　）
24 会社設立の夢もスイホウに帰した。（　）
25 ツマサキ立ちで歩く。（　）

資料1 小学校学年別配当漢字表

	ア	イ	ウ	エ	オ	カ	キ	ク	ケ	コ	サ
1年		一	右雨	円	王音	下火花貝学	気九休玉金	空	月犬見	五口校	左三山
2年		引	羽雲	園遠		何科夏家歌画回会海絵外角楽活間丸岩顔	汽記帰弓牛魚京強教近		兄形計元言原	戸古午後語工公広交光考行高黄合谷国黒今	才細作算
3年	悪安暗	医委意育員院飲	運	泳駅	央横屋温	化荷界開階寒感漢館岸	起期客究急級宮球去橋業曲局銀	区苦具君	係軽血決研県	庫湖向幸港号根	祭皿
4年	愛案	以衣位茨印		英栄媛塩	岡億	加果貨課芽賀改械害街各覚潟完官管関観願	岐希季旗器機議求泣給挙漁共協鏡競極	熊訓軍郡群	径景芸欠結建健験	固功好香候康	佐差菜最埼材崎昨札刷察参産散残
5年	圧	囲移因		永営衛易益液演	応往桜	可仮価河過快解格確額刊幹慣眼	紀基寄規喜技義逆久旧救居許境均禁	句	型経潔件険検限現減	故個護効厚耕航鉱構興講告混	査再災妻採際在財罪殺雑酸賛
6年		胃異遺域	宇	映延沿	恩	我灰拡革閣割株干巻看簡	危机揮貴疑吸供胸郷勤筋		系敬警劇激穴券絹権憲源厳	己呼誤后孝皇紅降鋼刻穀骨困	砂座済裁策冊蚕

	ネ	ニ	ナ	ト	テ	ツ	チ	タ	ソ	セ	ス	シ
1年	年	二日入		土	天田		竹中虫町	大男	早草足村	正生青夕石赤千川先	水	子四糸字耳七車手十出女小上森人
2年		肉	内南	刀冬当東答頭同道読	弟店点電	通	地池知茶昼長鳥朝直	多太体台	組走	西声星晴切雪船線前	図数	止市矢姉思紙寺自時室社弱首秋週春書少場色食心新親
3年				都度投豆島湯登等動童	定庭笛鉄転	追	着注柱丁帳調	他打対待代第題炭短談	相送想息速族	世整昔全		仕死使始指歯詩次事持式実写者主守取酒受州拾終習集住重宿所暑助昭消商章勝乗植申身神真深進
4年	熱念		奈梨	徒努灯働特徳栃	低底的典伝		置仲沖兆	帯隊達単	争倉巣束側続卒孫	成省清静席積折節説浅戦選然		氏司試児治滋辞鹿失借種周祝順初松笑唱焼照城縄臣信
5年	燃	任		統堂銅導得毒独	停提程適		築貯張	貸態団断	祖素総造像増則測属率損	制性政勢精製税責績接設絶		士支史志枝師資飼示似識質舎謝授修述術準序招証象賞条状常情織職
6年		乳認	難	討党糖届	敵展	痛	値宙忠著庁頂腸潮賃	退宅担探誕段暖	奏窓創装層操蔵臓存尊	盛聖誠舌宣専泉洗染銭善	垂推寸	至私姿視詞誌磁射捨尺若樹収宗就衆従縦縮熟純処署諸除承将傷障蒸針仁

字数	ワ	ロ	レ	ル	リ	ラ	ヨ	ユ	ヤ	モ	メ	ム	ミ	マ	ホ	ヘ	フ	ヒ	ハ	ノ	
1年 計八〇		六			立力林					目	名				木本		文	百	白八		1年
2年 計一六〇	話				里理	来	用曜	友	夜野	毛門	明鳴			毎妹万	歩母方北	米	父風分聞		馬売買麦半番		2年
3年 計二〇〇	和	路	礼列練		流旅両緑	落	予羊洋葉陽様	由油有遊	役薬	問	命面		味		放	平返勉	負部服福物	皮悲美鼻筆氷表秒病品	波配倍箱畑発反坂板	農	3年
4年 計二〇二		老労録	令冷例連	類	利陸良料量輪		要養浴	勇	約			無	未民	末満	包法望牧	兵別辺変便	不夫付府阜富副	飛必票標	敗梅博阪飯		4年
5年 計一九三			歴		略留領		余容	輸			迷綿	務夢	脈		保墓報豊防貿暴	編弁	布婦武復複仏粉	比肥非費備評貧	破犯判版	能	5年
6年 計一九一		朗論			裏律臨	乱卵覧	預幼欲翌	郵優	訳	模	盟		密	枚幕	補暮宝訪亡忘棒	並陛閉片	腹奮	否批秘俵	派拝背肺俳班晩	納脳	6年

資料2　小学校学年別配当漢字を除く　級別漢字表

	4級	3級	準2級・2級（——は2級のみ）
ア	握扱	哀	亜挨曖宛嵐
イ	依威為偉違維緯壱芋陰隠	慰	畏尉萎椅彙逸姻咽淫韻
ウ			唄鬱畝浦
エ	影鋭越援煙鉛縁	詠悦閲炎宴	疫謁怨猿艶
オ	汚押奥憶	欧殴乙卸穏	凹旺翁臆虞俺
カ	菓暇箇雅介戒皆壊較獲刈甘汗乾勧歓監環鑑含	佳架華嫁餓怪悔塊慨該概郭隔穫岳掛滑肝冠勘貫喚換敢緩	苛渦禍靴寡稼蚊牙瓦拐楷潰懐諧劾涯崖蓋骸垣柿核殻嚇顎括喝渇葛褐轄且釜鎌缶陥患堪棺款閑寛憾還韓艦玩頑
キ	奇祈鬼幾輝儀戯詰却脚及丘朽巨拠距御凶叫狂況狭恐響驚仰	企忌軌既棋棄騎欺犠菊吉喫虐虚峡脅凝斤緊	伎飢亀毀畿宜偽擬臼糾嗅窮拒享挟恭矯暁巾菌琴僅錦謹襟吟
ク	駆屈掘繰	愚偶遇	惧隅串窟勲薫
ケ	恵傾継迎撃肩兼剣軒圏堅遣玄	刑契啓掲携憩鶏鯨倹賢幻	茎渓蛍詣慶憬稽隙桁傑拳嫌献謙鍵繭顕懸弦舷
コ	枯誇鼓互抗攻更恒荒項稿豪込婚	孤弧雇顧娯悟孔巧甲坑拘郊控慌硬絞綱酵克獄恨紺魂墾	股虎錮呉碁勾江肯侯洪貢梗喉溝衡購乞拷剛傲酷駒頃昆痕懇
サ	鎖彩歳載剤咲惨	債催削搾錯撮擦暫	沙唆詐挫采砕宰栽斎塞柵索酢刹拶桟傘斬

	シ	ス	セ	ソ	タ	チ	ツ	テ	ト	ナ	ニ	ネ	ノ
4級	旨伺刺脂紫雌執芝斜煮 釈寂朱狩趣需舟秀襲柔 獣瞬旬巡盾召床沼称紹 詳丈畳殖飾触侵振浸寝 慎震薪尽陣尋	吹	是姓征跡占扇鮮	訴僧燥騒贈即俗	耐替沢拓濁脱丹淡嘆端 弾	恥致遅蓄跳徴澄沈珍		抵堤摘滴添殿	吐途渡奴怒到逃倒唐桃 透盗塔稲踏闘胴峠突鈍 曇		弐		悩濃
3級	祉施諮侍慈軸疾湿赦邪 殊寿潤遵如徐匠昇掌晶 焦衝鐘冗嬢錠譲嘱辱伸 辛審	炊粋衰酔遂穂随髄	瀬牲婿請斥隻惜籍摂潜 繕	阻措粗礎双桑掃葬遭憎 促賊	怠胎袋逮滞滝択卓託諾 奪胆鍛壇	稚畜窒抽鋳駐彫超聴陳 鎮	墜	帝訂締哲	斗塗凍陶痘匿篤豚		尿	粘	
準2級・2級（——は2級のみ）	肢恣嗣賜摯餌璽𠮟嫉漆遮蛇酌 爵珠腫呪儒囚臭袖羞愁酬醜蹴 汁充渋銃叔淑粛塾俊准殉循庶 緒叙升抄肖尚宵症祥渉訟硝粧 詔奨彰憧償礁浄剰壌醸拭尻芯 津唇娠紳診刃迅甚腎	須帥睡枢崇据杉裾	斉逝凄誓醒析脊戚拙窃仙栓旋 践煎羨腺詮箋遷薦繊禅漸膳	狙租疎塑遡壮荘捜挿曹曽爽喪 槽痩踪霜藻捉遜	汰妥唾堕惰駄泰堆戴濯但棚誰 旦綻	痴緻逐秩嫡衷酎弔挑眺釣貼嘲 懲勅捗朕	椎塚漬坪爪鶴	呈廷邸亭貞逓偵艇諦泥溺迭徹 撤塡	妬賭悼搭棟筒謄藤騰洞瞳督凸 屯頓貪丼	那謎鍋軟	尼匂虹妊忍	寧捻	

		ハ	ヒ	フ	ヘ	ホ	マ	ミ	ム	メ	モ	ヤ	ユ	ヨ	ラ	リ	ル	レ	ロ	ワ
5級までの一〇二六字をあわせて 一三三九字	4級 計三一三字	杯輩拍泊迫薄爆髪抜罰 般販搬範繁盤	彼疲被避尾微匹描浜敏	怖浮普腐敷膚賦舞幅払噴	柄壁	捕舗抱峰砲忙坊肪冒傍 帽凡盆	慢漫	妙眠	矛霧娘		茂猛網黙紋	躍	雄	与誉溶腰踊謡翼	雷頼絡欄	離粒慮療隣	涙	隷齢麗暦劣烈恋	露郎	惑腕
4級までの一三三九字をあわせて 一六二三字	3級 計二八四字	婆排陪縛伐帆伴畔藩蛮	卑碑泌姫漂苗	赴符封伏覆紛墳	癖	募慕簿芳邦奉胞倣崩飽 縫乏妨房某膨謀墨没翻	魔埋膜又	魅		滅免			幽誘憂	揚揺擁抑	裸濫	吏隆了猟陵糧厘		励零霊裂廉錬	炉浪廊楼漏	湾
準2級 3級までの一六二三字をあわせて 一九五一字＋2級 二一三六字	準2級 計三二八字・2級 計一八五字	把覇罵廃培媒賠伯剥舶漠箸肌 鉢閥氾汎斑煩頒	妃披扉罷眉膝肘猫賓頻瓶	扶附訃譜侮沸雰憤	丙併塀蔽幣弊餅壁蔑偏遍	哺泡俸蜂褒剖紡貌頬朴睦僕撲 勃堀奔	麻摩磨昧枕抹	岬蜜		冥銘麺	妄盲耗	冶弥厄闇	愉喩諭癒唯悠猶裕湧融	妖庸瘍窯沃	拉羅酪辣藍	痢履璃慄柳竜硫侶虜涼僚寮瞭 倫	瑠累塁	戻鈴	呂賂弄籠麓	賄脇枠

「日本漢字能力検定」の受検の申し込み方法や検定実施日など，検定の詳細につきましては，「日本漢字能力検定協会」のホームページなどをご参照ください。
また，本書に関する最新情報は，当社ホームページにある本書の「サポート情報」をご覧ください。（開設していない場合もございます。）

漢字検定２級 トレーニングノート〔五訂版〕

編著者　絶対合格プロジェクト
発行者　岡　本　泰　治
印刷所　株式会社ユニックス

発行所

©株式会社 増　進　堂
大阪市西区新町２丁目19番15号
㊤(06)6532-1581(代) 〒550-0013
FAX(06)6532-1588

落丁・乱丁本はお取り替えします。
高廣製本　Printed in Japan

ひっぱると，はずして使えます。

2級
漢字検定
トレーニングノート
解答編

解答編

漢字検定　2級　トレーニングノート

（×は、まちがえやすい例を示したものです。）

●2～3ページ

1 漢字の読み

1 きれつ
2 かんさん
3 ぜんじ　×ざんじ
4 ごい
5 かもく
6 いんとう
7 きょうゆう
8 しゅうちしん
9 じんそく
10 はんぷ
11 ふろ
12 ゆうごう
13 ぐち
14 こうらん
15 こかつ
16 かんかつ
17 だんな
18 いご
19 けんとう
20 こんりゅう　×けんりつ
21 こうてつ
注 字形が「送」と似ていることから「こうそう」と読み誤ることが極めて多い
22 ていたく
23 いんゆ
24 しゅんしゅう
25 そしゃくち
26 るいせん
27 だんがい
28 がんぐ
29 ちせつ
30 ちょうか
31 わくでき
32 とうよう
33 あいとう
34 とくそく
35 ゆううつ
36 はあく
37 せんさく
38 ひんぱん
39 ほうしょう
40 きない
41 かせい
42 りこう
43 いんじゅん
44 あっさく
注「搾」の訓は「しぼる」である。似た語に「圧縮」がある
45 みぞう
46 ぼんのう
47 しゅうしょう
48 とうさい
49 あんねい　×あんねん
50 いちまつ

●4～5ページ

2 漢字の読み

1 かいよう
2 えしゃく　×かいしゃく
3 きんきん
4 おうだ
5 かくしん
6 せんぼう
7 きゅうよ
8 ばくぜん
9 くじゅう
10 ほにゅう
11 けっさい
12 ぶんけん
13 しんちょく
14 さくはく
15 きょぎ
16 ゆうよ
17 しょうかせん
18 きょうさ
19 ちょうはつ
20 しゅっぽん
21 せきずい
22 せしゅ
23 せっけい
24 ほそく
25 そうごん
注「しょうごん」は、仏像や寺をかざりつけること
26 ぼっぱつ
27 ふんきゅう
28 ひへい
29 ねんぽう　×ねんぼう
30 きんこ
31 めんえき
32 きんしゅう
33 そしょう

●チェックしよう

▼漢字の音と訓

漢字を字音で読んだものを「音」、日本語としての読み方を「訓」という。音には「呉音」（京…キョウ）、「漢音」（京…ケイ）、「唐音」（京…キン）がある。同じ漢字が幾通りもの音を持つのはそのためで、日本へ伝達された時代や地域による違いである。

34 しゅく
35 ちみつ
36 らっかん
37 せいぜつ
38 ざっきん
39 ゆいいつ（ゆいつ）
40 とせん
41 はんべい
42 まさつ
43 つうば
44 ていげん
45 どうりょう
46 ゆうすい
47 さんか
48 てんか
49 あくらつ
50 ちゃくなん　×ちゃくだん

3 漢字の読み

●6～7ページ

1 くおん　×くえん
2 きんちゃく
3 ちゅうとん
4 さしょう
5 どべい
6 ようさい
7 だこう
8 がんぜ
9 ねんしゅつ
10 るいせき
11 どうさつ
12 らち
13 ゆうちょう
14 せんりつ
15 かんぼつ
16 たいと
17 りょうぜん
18 こんじょう
19 たんせき
20 かんてい
21 しゅこう
22 ふいん
23 さいふ
24 らくのう
25 りゅうび
26 へんきょう
27 しはん
28 じんだい
29 なへん
30 もんぴ
31 けんがい
32 とうほん
33 しさく
34 ろうおう
35 こうせきそう
36 こさつ
37 きんけい
38 えんしょう
39 ちょうだい
40 すうじく
41 ほうしゅう
42 ていかん
43 さいせき
44 くんとう
45 かそせい
46 ぐまい
47 ぎじ
48 しゅつらん
49 ぞうわい　×そうわい
50 じょうるり

4 漢字の読み

●8～9ページ

1 うんでい
2 ねんざ
3 へんれい　×へんるい
4 きんせん
5 いんう
6 だせい
7 かじょう
8 ちょうしょう
9 きが
10 たいひ
11 きょうせい
12 どうけい
13 ついかんばん
14 しい
15 じょうざい
16 せいちょう
17 だらく
18 きつもん
19 くじゅう
20 ようかい
21 ふってい
22 じゅくすい
23 わいろ
24 しょうほん
25 とんち
26 ごう
27 もうそう
28 べっし
29 けんしん
30 ふしゅ
31 ほうそうかい
32 おうせい
33 はっしょう
34 さんろく
35 ゆうふく
36 めいど
37 ざいばつ
38 ばか
39 ぎんじょう
40 しゅっすいき
41 ぞうけい
42 かいゆ
43 しんぼく
44 いはつ（えはつ）
45 かくちく
46 ふしん

●チェックしよう

▼重箱読みの例
縁組《えんぐみ》・額縁《がくぶち》・献立《こんだて》
雑煮《ぞうに》・座敷《ざしき》・素顔《すがお》
定宿《じょうやど》・投網《とあみ》・納屋《なや》
派手《はで》・歩合《ぶあい》・幕内《まくうち》

▼湯桶《ゆとう》読みの例
落度《おちど》・小僧《こぞう》・酒代《さかだい》
指図《さしず》・敷布《しきふ》・手本《てほん》
野宿《のじゅく》・端数《はすう》・身分《みぶん》
結納《ゆいのう》・夕刊《ゆうかん》・湯気《ゆげ》

47 きょうりょう
48 こくじ
49 げねつ ×かいねつ
50 かっとう

5 漢字の読み

●10～11ページ

1 あわ
2 おそ
3 かて
4 おぼ
5 いす
6 ととの
7 ふ
8 み
9 むね
10 もてあそ
11 つ
12 すす
13 き
14 つぐな
15 ひざがしら
16 さ
17 かも
18 いしずえ
19 つちか
20 けち
21 おそれ
22 おとしい
23 くつがえ
24 うと
25 つ
26 は
27 まゆ
28 はだ
29 おこ
30 ひがた ×ほしがた
31 とら
32 かま
33 のろ
34 めざわ
35 わきばら
36 つくろ
37 さかのぼ
38 こば
39 わず
40 おびや
注「脅かす」（おど）「脅す」（おど）
41 さ
42 なら
43 ただ
44 から
45 にお
46 はか
47 いげた
48 みぞ
49 かわ
50 でかせ

●チェックしよう

▼何通りも読みがある漢字は出題されることが多い。

・「汚」
汚《けが》す・汚《よご》す
汚《よご》れる・汚《けが》れる
汚《きたな》い・汚《けが》らわしい

・「抱」
抱《だ》く
抱《いだ》く
抱《かか》える

この他にも「覚・冷・若・陥・脅・潤・息・焦」など。

6 漢字の読み

●12～13ページ

1 とりかご
2 もっぱ
3 なぞ
4 あわ
5 う
6 ぬぐ
7 かたよ
8 さと
9 うるわ
10 どんぶりもの
11 いけがき ×なまがき
12 しりあ
13 まかな
14 はか
15 ねんご
16 く
17 したつづみ
18 か
19 いきどお
20 なまつば
21 いな
22 はさ
23 ひじ
24 ひるがえ
25 なべ
26 したた
27 は
28 いや
注「きらい」と読む場合は「嫌い」と「い」を送る
29 なし
30 かな
31 わずら
32 い

●チェックしよう

▼「じ」と「ぢ」、「ず」と「づ」

①同音の連呼
・縮む（ちぢむ）
・鼓（つづみ）
・続く（つづく）

②二語の連合
・鼻血（はなぢ）
・間近（まぢか）

③どちらも許容される語
・稲妻（いなずま・いなづま）
・杯（さかずき・さかづき）
・融通（ゆうずう・ゆうづう）

33 ながうた
34 す
35 か
36 た
37 うけたまわ
38 すきま
39 ほうむ
40 ほころ
41 も　注「もし」の場合はひらがなで表記する。「もしくは」の場合のみ「若しくは」と書く
42 つぶ
43 うるし
44 つや
45 たてまつ
46 すた　注「廃れる」は栄えたものが衰えること
47 かつ　×にな
48 おおわく
49 まくら
50 たまわ

7 漢字の読み

●14～15ページ

1 あんか
2 かや
3 ざこ
4 だし
5 なごり
6 はっと　×ほっと
7 ま
8 ゆいしょ　×ゆいちょ
9 むほん
10 ほて
11 のりと
12 どきょう　×どっきょう
13 そうさい　×そうさつ
14 こうじゃく
15 えこう　×かいこう
16 うおがし
17 いぶき
18 つきやま　×ちくざん
19 ごりやく　×ごりえき
20 るふ
21 ろくしょう
22 なわしろ　×なえしろ
23 なこうど
24 なだれ
25 もさ
26 ゆかた
27 すきや　×すうきや
28 きゃたつ　×きゃくりつ
29 はっぴ
30 ういうい
31 あんのん　×あんおん
32 さじき
33 さみだれ
34 たぐ　×てぐ
35 たび
36 くどく
37 くり
38 やくびょうがみ　注「疫病」は「えきびょう」と読む
39 おもや　注「母家」とも書く
40 げんち（げんしつ）
41 せち
42 たんもの
43 こうずか　×こうじか
44 どたんば
45 ごんげん
46 しょうじん　×せいしん
47 ごんぎょう
48 こくう
49 こうしど
50 つゆ

8 漢字の読み

●16～17ページ

1 し
2 さなえ
3 かぐら
4 もうじゃ
5 ゆうぜい　×ゆうせつ
6 いくじ　×いきじ
7 しょうよう
8 じゅず
9 しろうと
10 たち
11 けしき
12 ちご
13 てんません　×でんません
14 とあみ　×とうあみ
15 だんじき　×だんしょく
16 せ
17 いなか
18 ゆさん　×ゆうさん
19 かたず
20 ふとん
21 こんだて
22 やおちょう
23 せいぼ
24 あま
25 しぐれ
26 しばふ
27 の
28 しらが
29 さいご　注「最後」は一番あと、「最期」は「死にぎわ」のこと
30 なや
31 ここち
32 くろうと
33 いおう

×りゅうおう
34 げし
35 ふぶき
36 ひょうろう
37 よせ
38 かいげん
39 やえば
40 みき
41 なっとう
42 しわす
43 せき
×じゃく
44 やまとえ
45 りちぎ
46 うぶげ
47 のら
48 ゆくえ
49 こうごう
50 におう

● 18〜19ページ

9 書き取り

1 撤廃
2 閣僚　×閣療
3 完璧　×完壁
4 免疫
5 厄介　×厄怪
6 払拭
7 扶助
8 撲滅　×僕滅
9 参詣
10 尚早
11 遺憾
12 惰眠
13 挨拶
14 装塡
15 中枢
16 采配
17 威嚇
18 嫌疑
19 一抹
20 渦中　×禍中
21 腎臓
22 過剰
23 窮迫
24 貪欲
25 祝儀
26 氾濫
27 犬猿
28 付箋(附箋)
29 桟道　×浅道
30 捜索　×捜策
31 繊細
32 高騰
33 喪失
34 漸次　×暫次
35 融通
36 阪神
37 浴槽
38 難渋　×難汁
39 迅速　注↕緩慢
40 逐次　×遂次
41 適宜
42 挿話
43 屈辱
44 稽古
45 双肩　×相肩
46 示唆
47 傲慢
48 生涯
49 疎通
50 訴訟

● 20〜21ページ

10 書き取り

1 楷書
2 頒布　×販布
3 批准　×批準
4 俳諧
5 奔放
6 遡上
7 酪農　×絡農
8 漠然　×摸然
9 臆病
10 露呈　×露提
11 疲弊
12 悠揚
13 帰依
14 沙汰
15 親戚
16 暗礁　×暗焦
17 報酬
18 失踪
19 謄本
20 披露　×被露
21 循環
22 罷免
23 焼酎
24 安閑　×暗閑
25 禍根
26 病棟　×病凍
27 象牙
28 椅子
29 弾劾
30 覇権
31 治癒
32 虚空
33 更迭
34 所詮
35 真摯
36 渇望　×喝望
37 謙虚　×嫌虚
38 回顧録　×懐古録
39 曖昧
40 醜態
41 肥沃
42 酌量
43 包括　×包活
44 旋律
45 折衷　×折喪
46 平衡　×平衝
47 日韓

●チェックしよう

▼注意したい特別な音訓の例

遺言《ゆいごん》・仮病《けびょう》・機嫌《きげん》
真紅《しんく》・歳暮《せいぼ》・財布《さいふ》
給仕《きゅうじ》・修行《しゅぎょう》・出納《すいとう》

神主《かんぬし》・天井《てんじょう》・声色《こわいろ》
繁盛《はんじょう》・今昔《こんじゃく》・一切《いっさい》
支度《したく》・稲作《いなさく》・内裏《だいり》
反物《たんもの》・奉行《ぶぎょう》・拍子《ひょうし》
小児《しょうに》科《か》

48 懸念
49 贈賄
50 憧憬

11 書き取り

●22～23ページ

1 煎餅
2 僧侶
3 還元
4 挫折
5 栽培
6 形骸
7 押収
8 顕著
9 羅列
10 安泰
11 艦艇
12 公僕
13 韻律
14 梗塞
15 掌握
16 叱責
17 鍵盤
18 消耗
19 国賓
20 銘記
21 才媛
22 書斎
23 追随
24 払底
25 頑強
26 拘泥
27 滋味
28 推奨
29 瓦解
30 浄財
31 懸案
32 狙撃
33 酷似
34 矯正 ×強制
35 嗅覚
36 衣鉢
37 洪水
38 脱臼
39 不祥事 ×不詳事
40 如実
41 必須
42 享受
43 愚痴
44 補佐
45 煮沸
46 爽快
47 奥義 ×奥儀
48 転嫁 ×転化
49 麺類
50 購読

12 書き取り

●24～25ページ

1 挿
2 棟
3 戻
4 控
5 窯
6 棚卸
7 挟
8 阻 ×粗
9 瞬
10 沸
11 忌
12 脅
13 捜 ×探
14 秀
15 侮 ×悔
16 暁
17 憤 ×噴
18 憩
19 糧
20 担
21 倣 ×習
22 醸 ×譲
23 懲
24 諭
25 障 ×触
26 渋
27 据
28 隅 ×遇
29 廃
30 誓
31 扉
32 懐 ×壊
33 眺
34 憂
35 猫
36 褒
37 磨
38 幻
39 専
40 潤
41 襟
42 息吹
43 芳
44 遮
45 履
46 焦
47 挑
48 競
49 稚児 ×稚子
50 神楽

●チェックしよう

▼注意したい類字(1)

①専を含む漢字
博＝博士・博覧会
縛＝束縛・自縛
簿＝簿記・帳簿
薄＝薄弱・軽薄

②毎を含む漢字
侮＝侮蔑・侮辱
悔＝後悔・悔恨

③貝を含む漢字
貸＝貸借・賃貸
貨＝貨幣・雑貨

④疑を含む漢字
疑＝疑惑・疑問
擬＝模擬・擬態
凝＝凝結・凝視

⑤責を含む漢字
責＝責務・重責
績＝紡績・功績
積＝積雪・積年

⑥卬を含む漢字
仰＝仰視・仰角
迎＝歓迎・送迎
抑＝抑制・抑圧

●26〜27ページ 13 書き取り

1 漆
2 堪
3 鼻緒（×諸）
4 陥
5 疎
6 絡
7 貝殻（×穀）
8 稼（×嫁）
9 酌
10 因
11 滴（×摘・嫡）
12 慈
13 唆
14 麗
15 契
16 償
17 培
18 紡
19 釣
20 和
21 歯茎
22 映（×栄）
23 辱（×恥）
24 干潟
25 洞穴
26 蛍
27 患（×煩）
28 肌
29 懇
30 杉
31 免
32 目深
33 覆
34 海女（海士）
35 請
36 玄人
37 鎮（×沈）
38 虐
39 染
40 人垣
41 否
42 懸
43 醜
44 戯
45 泥縄
46 桟敷
47 伝馬船
48 祝詞
49 雑魚
50 蚊帳（蚊屋）（×張）

●チェックしよう

▼注意したい類字(2)

- 施＝施設・実施
- 旋＝旋風・旋回
- 裁＝裁断・裁判
- 栽＝栽培・盆栽
- 宣＝宣伝・宣誓
- 宜＝適宜・便宜
- 哀＝哀愁・哀切
- 衰＝衰退・衰亡
- 衷＝折衷・衷心
- 因＝因縁・因果
- 困＝困窮・貧困
- 囚＝囚人・虜囚
- 巧＝精巧・巧拙
- 朽＝不朽・老朽
- 適＝適当・適任
- 敵＝宿敵・敵対
- 摘＝摘要・摘出
- 滴＝点滴・水滴

●28〜29ページ 14 書き取り

1 礼節
2 崩
3 涼
4 銘
5 魂
6 渇
7 瀬
8 面
9 本腰
10 老
11 仁術
12 掃（×吐）
13 断腸
14 馬脚
15 緒
16 憎
17 光陰
18 貧乏
19 肥（×越）
20 柳
21 両雄
22 威
23 切羽
24 太鼓
25 蛍雪
26 憂
27 濁
28 年貢
29 翻
30 地獄
31 門
32 腕
33 魔
34 煮（×似）
35 剛（×豪）
36 弦
37 真珠
38 黒白
39 矯
40 悪銭
41 甲羅
42 腐
43 功名
44 沈黙
45 縁
46 大樹
47 覆水
48 縄
49 帆
50 偽

●30〜31ページ 15 書き取り

1 排・廃
2 愚・惧
3 待・滞
4 成・凄

5 吏・履
6 括・渇
7 件・献
8 労・漏
9 講・構
10 添・填
11 任・忍
12 乗・載
13 試・諮
14 泡・崩
15 更・貢
16 殻・核
17 優・誘
18 到・搭
19 健・堅
20 襲・酬
21 賞・奨
22 塊・壊
23 打・妥
24 醸・浄
25 上・剰
26 克・酷
27 旧・朽

16 書き取り ●32～33ページ

1 覇・把
2 繊・鮮
3 沸・湧
4 措・阻
5 遂・推
6 補・舗
7 簡・緩
8 砲・蜂
9 査・鎖
10 媒・培
11 徐・如
12 解・戒
13 掃・履
14 症・傷
注「症」は病気の性質
15 延・伸
16 状・壌
17 強・矯
18 禁・緊
19 迭・撤
20 測・図
21 審・診
22 宣・煎
23 怖・腐
24 冷・零
25 見・顕
26 廃・排
27 詰・喫

17 書き取り ●34～35ページ

1 鑑賞
2 干渉
3 墳丘
4 紛糾
5 核心
6 革新
7 渉外
8 障害
9 双肩
10 壮健
11 詐称
12 査証
13 浅薄
14 船舶
15 警鐘
16 継承
17 考証
18 交渉
19 振興
20 進行
21 規制
22 既成
23 湖沼
24 呼称
25 惨禍
26 傘下
27 錠剤
28 浄財
29 懐柔
30 怪獣
31 回顧
32 懐古
33 肝要
34 寛容
注 心が広いこと
35 概観
36 外患
37 脅威
38 驚異
39 強硬
40 恐慌
41 繊細
42 戦災
43 摂取
44 窃取
45 登記
46 投棄
47 法曹
48 包装
49 累進
50 塁審

18 書き取り ●36～37ページ

1 刺
2 挿
3 乾
4 渇
5 謹
6 慎
7 煩
8 患
9 刈
10 駆
11 州
12 酢
13 植
14 飢
15 江
16 柄
17 粗
18 荒
19 酌
20 組
21 凝
22 懲
23 占
24 締
25 割

26 裂
27 真
28 目
29 旨
30 胸
31 墨
32 隅
33 蚊
34 香
35 刃
36 端
37 震
38 奮
39 喪
40 藻
41 盛
42 漏
43 悼
44 傷
45 熟
46 売
47 琴
48 言
49 請
50 恋

19 四字熟語

●38～39ページ

❶
1 投合
2 無双
3 砕身（×粋）
4 模索
5 懲悪
6 連衡（×衝）
7 清廉
8 試行（×思考）
9 泰然
10 呉越
11 弊衣（×幣）
12 閑話

❷
1 粛正
2 猶予
3 正銘
4 背反
5 伯仲
6 壮語（×荘）
7 明鏡（×境）
8 普遍
9 周知（×衆）
10 夏炉
11 累世
12 森羅

❸
1 即妙
2 外患
3 薄命
4 貫徹
5 回生
6 折衷
7 前後
8 秋霜
9 有為
10 同工（×行）
11 隔世
12 津津（津々）

❹
1 勉励
2 来復
3 霧消
4 供養
5 割拠（×処）
6 管弦
7 晴耕（×青）
8 金科
9 破邪
10 天涯
11 単純
12 緩急（×援）

20 四字熟語

●40～41ページ

❶
1 麗句・ウ
2 異端・オ
3 万緑・ア
4 定離・イ
5 堅忍・エ

❷
1 津津（津々）・エ
2 千紫・イ
3 半端・オ
4 百鬼・ア
5 霊魂・ウ

❸
1 兼行・オ
2 唯我・イ

●チェックしよう

19 ▼四字熟語の意味

❶
2古今無双＝昔から今にいたるまで並ぶものがないこと。

6合従連衡＝中国戦国時代に、小国が連合して、強大な秦に対抗する策の「合従」と、秦と単独に同盟を結ぶ策の「連衡」。転じて、情勢に応じて臨機応変についたり離れたりすること。

❷
7明鏡止水＝心の平静を乱す何ものもない、落ち着いた静かな状態。

❸
1当意即妙＝状況にうまく応じて即座に機転を利かすさま。
8秋霜烈日＝秋の冷たい霜と夏の強い日差し。権威や刑罰などが厳しいたとえ。

❹
2一陽来復＝冬至の日。冬が去り春が来ること。
9破邪顕正＝仏教用語で、邪道を破り、正しい道理を世の中に広めること。

3 孤城・ア
4 幽谷・エ
5 満帆・ウ

❹
1 連衡・エ
2 厚顔・ウ
3 会釈・イ
4 気宇・ア
5 志操・オ

21 四字熟語

●42〜43ページ

❶
1 北斗・ウ
2 疾風・イ
3 秩序・オ
4 比翼・ア
5 卓説・エ

❷
1 酔生・イ
2 五裂・ウ
3 遺憾・オ
4 夜郎・エ
5 同源・ア

❸
1 明哲・オ
2 滑脱・イ
3 変幻・ア
4 果敢・ウ
5 奇策・エ

❹
1 自棄・エ
2 遮二・ア
3 撃壌・イ
4 蛇尾・ウ
5 流言・オ

22 熟語構成

●44〜45ページ

1 イ
2 ウ
注「漸」は徐々に進む意味。「漸次」など
3 ア
4 オ
5 エ
6 ア
7 イ
8 ウ
注「酪」は、牛などの乳を煮た汁の意味がある
9 イ
10 エ
11 オ
12 ウ
13 ア
14 エ
15 イ
16 オ
17 ウ
18 ア
19 ア
20 イ
21 ウ
22 オ
23 ア
24 エ
25 ウ
26 ア
注「きゅうせい」と読む
27 エ
28 イ
29 エ
30 ウ
31 オ
32 エ
注「錠」を「施す」。つまり、鍵をかける
33 イ
34 ウ
35 ア
注「しょうたく」と読む
36 オ
37 ウ
38 イ
39 ア
40 ウ
注「庶」は雑多な、もろもろの意味
41 ウ
42 エ
43 オ
44 ア
45 イ
46 ウ
注「ほんば」と読む
47 イ
48 ア
49 ア
50 エ
51 エ
52 ウ
53 ア
54 イ
55 オ
56 ア
57 エ
58 イ
59 エ
60 ウ
61 エ
62 ウ
63 ア
64 エ

23 熟語構成

●46〜47ページ

1 ウ
2 ア
3 オ
4 イ
注上品なことと通俗的なこと。または、雅語と俗語
5 ウ
6 エ
7 エ
8 ア
9 イ
10 ウ
11 ウ
12 イ
13 ウ
注「こんせい」と読む。類義語は「嘆願・懇願」
14 イ
15 オ
16 エ

17 エ
18 ア
19 イ
20 ア
21 ア
22 エ
23 ウ
24 ウ
注「どくしゃく」と読む
25 オ
26 エ
注「てっしょう」と読む。徹夜すること
27 イ
28 ア
29 ウ
30 ウ
注「傍《かたわ》ら」で「聴く」
31 イ
32 ウ
33 ア
34 エ
35 ウ

注「璽《じ》」は、印かんの意味
36 イ
37 ウ
38 ア
39 イ
40 エ
41 オ
42 ア
43 イ
44 ア
注 同義語は「平凡・月並」
45 エ
46 ウ
注「漢」は男子の意。「悪漢・暴漢・巨漢」など
47 オ
48 イ
49 ウ
50 ア
51 エ
注 ↕具体・具象
52 ウ
53 ア
54 イ
55 オ
56 オ
57 エ
58 ア
59 ウ
60 エ
61 エ
62 イ
63 ウ
64 エ

24 熟語構成

● 48～49ページ

1 イ
2 オ
3 ウ
4 エ
5 ア
6 ア
7 オ
8 イ
9 エ
10 イ
11 ア
12 ウ
13 オ
14 ア
15 ア
16 イ
17 ウ
18 ウ
19 イ
20 オ
21 ア
22 ウ
23 エ
24 イ
25 ウ
26 イ
27 ア
28 エ
29 イ
30 ア
31 エ
32 オ
33 ア
34 オ
35 ア
36 ウ
37 エ
38 イ
39 エ
40 エ
41 ア
42 ウ
43 ア
44 イ
45 オ
46 ウ
47 エ
48 ア
49 オ
50 エ
51 イ
52 ア
53 オ
54 エ
55 ウ
56 ア
57 オ
58 ア
59 ア
60 イ
61 ア
62 イ
63 エ
64 ウ

25 対義語・類義語

● 50～51ページ

❶
1 怠惰
2 稚拙
3 蛇行
4 零落
5 軟弱
6 流浪
7 寡黙

8 懐柔（×壊）
9 漆黒
10 冗長
11 頑固
12 抄録
13 示唆
14 追憶
15 虚構（×講）
16 罷免
17 折衝（×接渉）
18 披露
19 懸念
20 考慮

❷
1 駄作
2 惨敗
3 煩雑(繁雑)
4 強壮
5 融解
6 寛容
7 荘重（×壮）
8 酷暑（×署）
9 謙虚
10 添加
11 知己（×已）
12 了承
13 賢明
14 憶測（×側）
15 安泰（×奏）
16 顕著
17 裕福
18 邸宅
19 肯定
20 束縛

26 対義語・類義語

●52～53ページ

❶
1 空虚
2 疎遠
3 性急
4 高騰（×謄）
5 過剰
6 柔弱
7 干渉
8 実践
9 平等
10 清澄
11 高尚
12 妥当
13 変遷
14 不穏（×隠）
15 流浪
16 疎外
17 報酬
18 発祥（×詳）
19 詳細
20 殊勲

❷
1 剛腹
2 寛容
3 虚偽
4 豪華
5 懲罰（×罪）
6 落胆
7 総合
8 享楽
9 倹約（×険）
10 喪失
11 辛酸
12 秀逸
13 割愛
14 心酔
15 詐取
16 追従（×衝）
17 午睡
18 受胎
19 庶民
20 無精(不精)（×性）

27 対義語・類義語

●54～55ページ

❶
1 衰亡
2 栽培
3 濃厚
4 伸長
5 暗愚
6 貧窮
7 違反
8 概略（×既）
9 混乱
10 韻文
11 偏屈（×遍）
12 墨守
13 中枢
14 介入
15 他界
16 均衡
17 不審（×信）
18 悠長
19 星霜
20 貢献

❷
1 歴然（×暦）
2 閑散
3 購買
4 甚大

●チェックしよう

▼「不・無・未・非・否」などの字がついて、下の語を打ち消す熟語

①不
不朽・不穏・不滅
不幸・不義・不振
不貞・不和・不易

②無
・「む」と読む場合
無理・無為・無力
無謀・無我・無縁
無害・無効・無策
・「ぶ」と読む場合
無勢・無難・無礼
無骨・無精・無事

③未
未納・未決・未満
未練・未定・未完
未熟・未聞・未着

④非
非凡・非常・非業
非運・非力・非行
非情・非道・非礼

⑤否
否決・否認・否定

5 普遍
6 丁寧
7 拘置
8 軽侮
9 執着
10 邪悪
11 通暁
12 風格
13 盛衰
14 激励
15 勘定
16 道徳
17 悠久 ×憂
18 奔走
19 邪魔
20 忍耐

28 部首

●56～57ページ

1 一
2 十
3 田
4 大
5 刂
6 勹
7 口
8 手
9 耒
10 廾
11 穴
12 二
13 阝
14 口
15 口
16 羽
17 虍
18 氺
19 麻 ×广（まだれ）
20 刂
21 广
22 宀
23 瓦
24 女
25 寸
26 力
27 虍
28 寸
29 土 ×黒（くろ）
30 一
31 宀
32 貝 ×宀（うかんむり）
33 女
34 止
35 歹
36 口
37 隹
38 皿
39 甘
40 心
41 女
42 木
43 面
44 糸
45 虍
46 日
47 罒
48 亠
49 骨
50 刂
51 殳
52 ⺌
53 目
54 貝
55 車
56 糸
57 巾
58 大
59 頁
60 二
61 弓
62 戈
63 寸
64 頁
65 女
66 戸
67 火
68 心
69 儿
70 羽
71 木
72 立
73 十
74 言
75 又
76 巾
77 日
78 酉

29 部首

●58～59ページ

1 血
2 土
3 貝
4 攵
5 赤
6 爫
7 衣
8 一
9 虫
10 立
11 革
12 宀
13 斗
14 心
15 氵
16 缶
17 ノ
18 工
19 衣
20 亠
21 凵
22 頁
23 巾
24 走
25 宀
26 欠
27 凵
28 門
29 糸
30 丶
31 尸
32 石
33 衣

34 宀
35 宀
36 行
37 言
38 米
39 示
40 艹
41 皿
42 刂
43 辛
44 口
45 夕
46 戈
47 八
48 至
49 土
50 勹
51 亅
52 亅
53 衤
54 金
55 疒
56 日

57 隹
58 隹
59 土
60 彡
61 攵
62 彳
63 田
64 刂
65 行
66 牜
67 土
68 皿
69 忄
70 欠
71 大
72 田
73 飛
74 十
75 頁
76 心
77 戈
78 冫

●60～61ページ

30 部首

1 鬼
2 心
3 鹿
4 斗
5 至
6 土
7 大
8 辰
9 斉
10 寸
11 歹
12 土
13 耳
14 金
15 广
16 貝
17 弓
18 貝
19 口
20 二

21 亻
22 宀
23 力
24 行 ×彳（ぎょうにんべん）
25 疒
26 月
27 巾
28 邑
29 冖
30 又
31 刀
32 灬
33 力
34 忄
35 酉
36 儿
37 隶
38 月
39 木
40 頁
41 彡

42 羊
43 口
44 口
45 ⺗ ×艹（くさかんむり）
46 車 ×戈（ほこづくり）
47 亻
48 竜
49 心
50 土
51 羽
52 音
53 二
54 豆
55 雨
56 石

57 冫
58 冂
59 囗
60 大
61 廾
62 又
63 殳
64 酉
65 力
66 止
67 亻
68 儿
69 心
70 木 ×宀（うかんむり）
71 口
72 巾

●チェックしよう

▼「曰」（ひらび）と「日」（ひ）

①ひらび
最・更・曹・冒

②ひ
昼・暑・昔・景
易・旧・暴・暮
昆・暫・旨・旬

73 冫
74 口
75 禾
76 矢
77 虫
78 罒

● 62～63ページ

31 漢字と送りがな

1 憧れる
2 羨ましい
3 暴かれ
4 奉る
5 携わる
6 唆す
7 凝らし
8 忍ばせ
9 砕け
10 懐かしく
11 操る
12 滅びる
13 眺める
14 挟ん
15 凍える
16 和らげる
注「柔」「軟」は「やわらかい」に用いる
17 侮れ
18 承り
19 爽やかな
20 煩わしい
×患
21 謹ん
22 慌ただしい
23 貪る
24 飢える
25 麗しく
26 障り
27 薦める
注「勧める」は、何かをするように話す場合に用いる
28 培う
29 彩り
30 阻む
31 憎らしい
32 懇ろ
33 映える
×栄える
34 紛らわしい
35 免れる
36 廃れ
37 醜い
38 患い
39 惜しむ
40 但し
41 陥れ
注「れる」を送ると「おとしいれる」と読み、「る」だけを送ると「おちいる」と読む
42 脅かす
43 絡ん
44 芳しい
注においがよい、できがよい
45 懲らしめる
46 倣う
47 貢ぎ
48 虐げられ
49 費やす
50 据える

● 64～65ページ

32 漢字と送りがな

1 潜ん
2 充てる
注「充てる」は充当するの意味
3 諦め
4 忌まわしい
5 整え
6 憤り
7 卑しめる
8 慈しむ
9 熟れる
10 疎まれる
11 統べる
12 染みる
13 損ねる
14 痩せる
15 傍ら
16 懸ける
17 交わす
18 稼ぐ
19 擦れる
20 奏でる
21 磨く
22 憩う
23 嫌い
24 過ち
注よくない傾向のこと
25 隔て
26 臭い
27 崩れ
28 恭しく
29 焦がれ
30 緩やかに
31 塞ぐ
32 漂う
33 滴り
34 涼しい
35 惨め
36 遮る
37 賜り
38 装う
39 怪しい
40 滑らかな
41 誓っ
42 鎮める
×沈める
43 紡ぐ
44 漬ける
45 繕う
46 弔い
47 罵り
48 戯れ
49 潔く
50 辱める
×恥

●66～69ページ

実戦模擬テスト(1)

(一)
1 だっかん
2 ほんろう
3 くんとう
4 せいちょう
5 そうさく
6 おでい
7 みけん
8 ちゅうてん
9 えとく
10 しょうかん
11 もんぴ
12 かこん
13 はんれい
14 こしょう
15 ごんげ
16 ふじょ
17 はあく
18 くよう
19 ほんりゅう
20 しせい
21 よ
22 たてつぼ
23 はさき
24 はか
25 みにく
26 あ
27 すた
28 そそのか
29 いつく
30 だし

(二)
1 言
2 巾
3 馬
4 骨
5 尸
6 自
7 欠
8 虍
9 血
10 十

(三)
1 イ
2 オ
3 ア
4 ウ
5 ウ
6 エ
7 イ
8 ア
9 エ
10 エ

(四)
問1
ア 隻語
イ 乱麻
ウ 奔放
エ 潔斎
オ 無双
カ 夏炉
キ 多岐
ク 汗牛
ケ 天涯
コ 大願

問2
1 コ
2 エ
3 ク
4 カ
5 ア

(五)
1 擁護
2 湿潤
3 追随
4 応諾
5 頑健
6 傑出
7 殊勲
8 変遷
9 仲裁
10 邪魔

(六)
1 応酬
2 押収
3 腐心
4 不審
5 犠牲
6 擬声
7 花瓶
8 過敏
9 障
10 触

(七)
1 閉・蔽
2 態・滞
3 許・拒
4 架・稼
5 験・顕

(八)
1 遂げる
2 偽る
3 甚だしい
4 偏る
5 蔑む

(九)
1 謙遜
2 打撲
3 冥利
4 暫定
5 眺望
6 削減
7 芳香
8 履修
9 享有
10 打診

●チェックしよう

▼注意したい部首の画数

・乙（一）
・弓（三）
・子（三）
・己（三）
・辶（三）
・阝（三）
・殳（四）
・斤（四）
・氏（四）
・片（四）
・甘（五）
・癶（五）
・衣（六）
・臣（七）
・酉（七）
・歯（十二）

11 派閥
12 生涯
13 過
14 募
15 憂
16 怠
17 紡
18 干潟
19 貝塚
20 潤
21 端役
22 筒抜
23 餅
24 後悔
25 瀬

実戦模擬テスト(2)

●70～73ページ

(一)
1 けんえき
2 どうくつ
3 ひょうろう
4 てっしょう
5 きょうきん
6 ちゅうよう
7 やますそ
8 るふ
9 けいぶ
10 しゅさい
11 じょうじゅ
12 かせん
13 せいそう
14 ふせつ
15 しょうえん
16 ほんそう
17 せったく
18 ごはっと
19 つうぎょう
20 まっさつ
21 きら
22 あ
23 ほて
24 たわむ
25 わずら
26 したた
27 ふところ
28 ほうむ
29 い
30 すきや

(二)
1 儿
2 弓
3 韋
4 艹
5 行
6 頁
7 日
8 辛
9 口
10 田

(三)
1 イ
2 ウ
3 ア
4 エ
5 イ
6 エ
7 ア
8 オ
9 ウ
10 イ

(四)
問1
ア 満帆
イ 打尽
ウ 万丈
エ 勉励
オ 三斗
カ 迅速
キ 我田
ク 感慨
ケ 謹厳
コ 危急
問2
1 ケ
2 オ
3 コ
4 ア
5 ウ

(五)
1 諮問
2 凡庸
3 喪失
4 嫌悪
5 飢餓
6 貢献
7 冷酷
8 威嚇
9 謀反
10 突如

(六)
1 破棄
2 覇気
3 肯定
4 公邸
5 慰労
6 遺漏
7 冒頭
8 暴騰
9 刈
10 駆

(七)
1 閑・緩
2 規・毀
3 板・盤
4 策・索
5 賀・雅

(八)
1 拒ん
2 挑も
3 滞る
4 唆さ
5 腫れる

(九)
1 湾岸
2 容赦
3 高尚
4 概念
5 柵門
6 完遂
7 酵母
8 承諾
9 貴賓
10 匿名
11 魅了
12 擁護
13 緩

14 励
15 欺
16 素朴
17 凍
18 矯
19 据
20 頬
21 膨
22 稼
23 亀
24 縄
25 魂

●74～77ページ

実戦模擬テスト(3)

(一)
1 そうごん
2 おうしゅう
3 はいぜん
4 こくう
5 せじょう
6 ぜんぞう
7 なんじゅう
8 しゅびょう
9 きょうりょう
10 かつぼう
11 げんとう
12 くちく
13 ぼくじゅう
14 えいそう
15 しっぺい
16 くどく
17 ようぎょう
18 ぐんじょう
19 ちょうじ
20 えしゃく
21 きざ
22 せとぎわ
23 まっと
24 きわ
25 やおもて
26 みじ
27 のど
28 しもばしら
29 い
30 つきやま

(二)
1 ⺍
2 頁
3 口
4 一
5 糸
6 手
7 釆
8 广
9 力
10 貝

(三)
1 イ
2 ウ
3 ア
4 オ
5 エ
6 ウ
7 イ
8 ウ
9 エ
10 ア

(四)
問1
ア 鉄壁
イ 管弦
ウ 与奪
エ 浄土
オ 果敢
カ 胆大
キ 熟慮
ク 東奔
ケ 清廉
コ 眺望

問2
1 コ
2 ウ
3 ケ
4 ア
5 オ

(五)
1 撤退
2 充足
3 恭順
4 中枢
5 陥没
6 妥協
7 懇意
8 阻止
9 窮乏
10 紛糾

(六)
1 蛍光
2 携行
3 浮揚
4 扶養
5 推薦
6 水仙
7 享受
8 教授
9 老
10 更

(七)
1 陵・瞭
2 提・呈
3 味・魅
4 覇・把
5 謙・献

(八)
1 装う
2 繕っ
3 秀でる
4 賢い
5 籠もる

(九)
1 内偵
2 愉快
3 刑罰
4 佳境
5 唾液
6 抽出
7 脊椎
8 発酵
9 寛容
10 静粛
11 渋滞
12 福祉
13 浦風
14 傍
15 統
16 覆

17 忍
18 礎
19 癖
20 覆
21 畝
22 砕
23 洗濯
24 闇夜
25 断腸

● 78～81ページ

実戦模擬テスト(4)

(一)
1 ほうしょう
2 きつもん
3 さんか
4 こうてつ
5 こうじん
6 りょうしゅう
7 ばいしゃく
8 もうら
9 よれい
10 こんりゅう
11 ふしん
12 あんねい
13 しゃっかん
14 ちょうか
15 さんいつ
16 いしゅう
17 そうこく
18 こうじ
19 かどう
20 どたんば
21 おとしい
22 まぬか(まぬが)
23 きんせい
24 かな
25 くつがえ
26 ちぎ
27 はずかし
28 あせ
29 な
30 いぶき

(二)
1 勹
2 辰
3 甘
4 鬼
5 二
6 巾
7 革
8 寸
9 大
10 衣

(三)
1 ウ
2 ア
3 エ
4 オ
5 イ
6 エ
7 イ
8 ア
9 ウ
10 ア

(四)
問1
ア 垂範
イ 無縫
ウ 剛健
エ 一遇
オ 発起
カ 森羅
キ 奮励
ク 馬耳
ケ 傍若
コ 金科

問2
1 イ
2 ケ
3 エ
4 オ
5 コ

(五)
1 寡黙
2 哀悼
3 虐待
4 丁寧
5 崇拝
6 厄介
7 心酔
8 抹消
9 逝去
10 解雇

(六)
1 管弦
2 還元
3 消臭
4 召集
5 脅威
6 驚異
7 寛容
8 肝要
9 常
10 床

(七)
1 鈍・貪
2 苦・駆
3 健・懸
4 績・析
5 設・摂

(八)
1 瞬く
2 褒める
3 酸っぱい
4 並びに
5 妖しい

(九)
1 柔軟
2 屈辱
3 邸宅
4 雰囲気
5 譲渡
6 嫉妬
7 弁償
8 培養
9 犠牲
10 措置
11 内紛
12 批准
13 慌
14 婿
15 言質
16 幻
17 裸
18 甲高
19 殴

20 卸
21 俺
22 繭
23 沈黙
24 彼岸
25 箸

● 82～85ページ

実戦模擬テスト(5)

(一)
1 にょじつ
2 ゆうぜい
3 やきん
4 ひへい
5 やっき
6 あんたい
7 しょうりょう
8 さんどう
9 きえ
10 しんしん
11 でいりゅう
12 しゅうげん
13 ぞうお
14 ふよ
15 らつわん
16 きょうさ
17 にそう
18 ゆさん
19 そうけん
20 なや
21 さえぎ
22 いど
23 いさぎよ
24 はば
25 みつ
26 うと
27 まかな
28 あわ
29 としは
30 やよい

(二)
1 又
2 斉
3 口
4 歹
5 几
6 宀
7 一
8 車
9 虫
10 阝

(三)
1 エ
2 ウ
3 イ
4 オ
5 ア
6 ウ
7 ア
8 ウ
9 イ
10 エ

(四)
問1
ア 篤実
イ 兼行
ウ 躍如
エ 砕身
オ 飽食
カ 一騎
キ 厚顔
ク 春宵
ケ 威風
コ 枝葉

問2
1 ケ
2 イ
3 カ
4 エ
5 ア

(五)
1 枯渇
2 拙劣
3 終局（終極）
4 応諾
5 堕落
6 勘弁
7 機嫌
8 成就
9 安寧
10 由緒

(六)
1 近郊
2 均衡
3 覇権
4 派遣
5 壮行
6 草稿
7 融解
8 誘拐
9 帆
10 穂

(七)
1 衝・渉
2 撲・睦
3 懲・凝
4 慎・審
5 克・酷

(八)
1 葬ら
2 醸し
3 憤る
4 携え
5 狙う

(九)
1 循環
2 妥当
3 水槽
4 摂取
5 瞳孔
6 強硬
7 購買
8 詐称
9 把握
10 交錯
11 魂胆
12 浄水
13 飽
14 担
15 藻
16 酢豚
17 恨
18 彫
19 卑
20 競
21 誓
22 撮

23 駄賃
24 挟
25 虎

●86〜89ページ

実戦模擬テスト(6)

(一)
1 ほうかつ
2 えんこん
3 ふってい
4 かっぱ
5 ちせつ
6 あいびょう
7 たんざく
8 げだつ
9 そうわ
10 こうばく
11 がんぜ
12 まもう
13 ぜんぼう
14 いっこん
15 さんか
16 めんえき
17 しゅくぜん
18 だいり
19 あっさく
20 うぶごえ
21 いこ
22 なら
23 うるわ
24 かも
25 とこなつ
26 うやうや
27 ちまなこ
28 つづみ ×つずみ
29 よし
30 ぶた

(二)
1 言
2 穴
3 衣
4 匚
5 酉
6 缶
7 廾
8 麻
9 丶
10 曰

(三)
1 ウ
2 ア
3 オ
4 イ
5 エ
6 ア
7 ウ
8 イ
9 ウ
10 エ

(四)
問1
ア 息災
イ 暮改
ウ 錯誤
エ 端麗
オ 卓説
カ 泰然
キ 隠忍
ク 思慮
ケ 堅忍
コ 表裏

問2
1 キ
2 ケ
3 ウ
4 ク
5 ア

(五)
1 謙虚
2 左遷
3 紳士
4 騰貴
5 酷評
6 遺憾
7 了解
8 束縛
9 吉凶
10 廉価

(六)
1 郷愁
2 強襲
3 更迭
4 鋼鉄
5 妥当
6 打倒
7 酵素
8 控訴
9 履
10 吐

(七)
1 魂・痕
2 傾・憩
3 愉・癒
4 誓・請
5 途・遂

(八)
1 膨らむ
2 若しくは
3 卑しい
4 翻す
5 拭い

(九)
1 遭遇
2 宣誓
3 炎症
4 豪華
5 蜜月
6 融通
7 匿名
8 崇拝
9 清涼
10 契機
11 異臭
12 臆面
13 縛
14 歯茎
15 促
16 漏
17 棚
18 芳
19 堀
20 培
21 悼
22 償
23 故
24 水泡
25 爪先